I0616365

DRUMUL
SPRE
KILIMANJARO

Din cea mai săraca tara in Europa pana la vârful lumii

SERGUEI MELNIK

Table of Contents

"Drumul către Kilimanjaro: de la începuturi umile până la culmea lumii financiare"

Dedicație

În primul rând, dedic această carte copiilor mei, centrul universului meu. Nu veți citi cartea în curând, deoarece suntetți doar copiii acum, dar timpul trece atât de repede! Într-o zi veți deveni maturi și sunt sigur că nu voi fi pregătit pentru aceasta.

Sper însă că atunci când veți citi aceste gânduri așternute pe hârtie, veți dori să aveți o conversație cu tatăl, care s-ar putea să nu fie la fel de cool sau modern cum vă amintiți că era în copilăria voastră. Sunt sigur că veți răspunde la apelurile mele telefonice sau veți telefona înapoi cât mai curând. Dacă ați ști cât de mult prețuiesc acum timpul petrecut cu voi! Eu doar pot să-mi imaginez cum va fi peste ani când veți fi departe...

Vă iubesc foarte mult,

Tata

Dedic cartea soției mele, Jazmina:

Jazmina s-a alăturat, fara a-și da seama, pe acest drum spre Kilimanjaro de la începutul lui iunie 1995. Ea și prietenul meu Igor au fost cu mine la restaurant când reprezentantul american al Organizației Moldova - Florida descria foarte detaliat experiența altcuiva în Kilimanjaro. De atunci am fost inspirat.

Jazmina nu știa că va deveni un sprijin necondiționat în această călătorie de-a lungul vieții.

Te iubesc, Jazmina, și îți mulțumesc că ai creat o familie fericită cu mine, dăruindu-mi aceste comori uimitoare, copiii noștri.

Și, desigur, părinților mei:

Prin dificultăți inimaginabile ați reușit să ridicați și să educați două personalități de foarte mare succes, pe mine și sora mea mai mică. Vă mulțumesc pentru toate sacrificiile pe care a trebuit să le îndurați pentru a ne oferi o șansă. Sunt atât de norocos să vă am în continuare langă noi și să vă bucurați de succesele noastre.

Introducere

De când eram tânăr, am avut vise incredibil de vii și misterioase, care au ajuns să fie destul de prevestitoare. Intuiam că se vor realiza. Având în vedere acest lucru, am fost marcat de un citat din poezia „Pe câmpul lui Kulikovo" a lui Alexandr Blok:

''… Și înapoi la bătălia eternă…
Pacea este doar în visele noastre''.

Aceste versuri mi-au trecut prin minte în timp ce așteptam lângă barul din Citrus Club, într-o seară ploioasă, de Ziua Îndrăgostiților pe soția mea, Jazmina. Ea a plecat de lângă mine pentru a găsi baia, așa că am stat singur, uitându-mă pe o fereastră jos, la străzile din centrul orașului Orlando. Nu mi - aș fi putut închipui că acest COVID-19 va dura și în   al doilea an, iar ieșirea la o cină în Valentine's în sfârșit ar oferi un sentiment de normalitate, unul de care aveam nevoie în haosul pregătirii companiei mele, Nutriband, pentru a fi inclusă pe o listă NASDAQ.

În lumina știrilor din lume și a stresului personal, Ziua Îndrăgostiților îmi scăpase din minte și, deși știam că aș putea găsi cu ușurință un cadou pentru soția mea, am sunat prin tot orașul încercând să rezervez o masă; părea imposibil să găsești un restaurant drăguț în ultimul moment. Din fericire, mi-am amintit de Clubul Citrus, la care eram membru din 1999 – Clubul Citrus oferă întotdeauna servicii super elegante, cu mănuși albe, mâncare și atmosferă impecabile. Era singurul penthouse din Orlando care avea o masă liberă, pregătită pentru acea zi. Când am ajuns, Jazmina a primit flori de la personal și ne-am simțit imediat bineveniți.

În timp ce stropii de ploaie se scurgeau pe geamurile imense, am cântărit cuvintele „pacea este doar în visele noastre". Mi-am amintit perioada când în Moldova visul tuturor era să studieze în Statele Unite și acest vis a devenit realitate pentru mine și acum trăiesc în Florida însorită!

Am avut mare noroc să-mi realizez visul de a locui în Florida. Aici mi-am întemeiat o familie, aici mi-am fondat afaceri.

Succesele mele nu au venit fără efort, deoarece de-a lungul anilor moralitatea și integritatea mea au fost provocate de decizii de afaceri dificile, care m-au forțat să mă confrunt cu practici neplăcute. La un moment dat, am fost atât de naiv, încât am crezut minciunile oamenilor lacomi, dar pot spune cu mândrie și certitudine că nu mi-am abandonat principiile si valorile, comportamentul meu a rămas același. Am construit companii de la zero și am văzut cum companiile se năruie sub propria lor greutate. Din aceste experiențe am învățat importanța afacerilor oneste și transparente. În cele din urmă, am avut norocul să întâlnesc parteneri și prieteni în care am avut încredere, știind că idealurile noastre comune vor avea ca rezultat o afacere mai puternică: un alt vis transformat în realitate.

L-am cunoscut pe unul dintre acei prieteni, Igor Andries, la facultatea de drept, pe când locuiam încă în Moldova. Am fost și colegi de camera la cămin toți anii de studenție. În iunie 1995, aveam o cină plăcută cu Michael, un american care reprezenta organizația mixtă oldo-Americană Florida- Moldova, acea organizație care m-a trimis în SUA cu un an înainte ca student de schimb. La acea cină a fost prezentă și viitoarea mea soție, Jazmina. În timpul experienței gastronomice plăcute a mâncărurilor tradiționale moldovenești, Michael a început să ne povestească despre Kilimanjaro și despre modul în care alpiniștii, care ajung în vârf, admiră cel mai frumos răsărit de soare din lume.

Hipnotizați de pledoaria lui Michael, Igor și cu mine ne-am promis unul altuia: oricine va atinge primul pragul de un milion de dolari va oraniza pentru amândoi excursia pe Muntele Kilimanjaro. A devenit un simbol, mai bine spus un obiectiv care ar defini succesul cel mare pentru noi, care eram gata să depășim orice obstacole cu muncă și hotărâre. Eram siguri că, în cele din urmă, vom ajunge pe vârful Kilimanjaro și vom sta deasupra norilor, admirând savana și (după cum mi s-a spus) cel mai frumos răsărit din lume.

Mi-am atins obiectivul la vârsta de 31 de ani, în noiembrie 2003. Cu o seară înainte de a suna clopotul de deschidere a pieții la American Stock Exchange, am avut un vis extraordinar în care zburam printre nori cu o ușurință și o senzație covârșitor de placută. A doua zi, am simțit aceeași lejeritate, bucuria muncii mele fiind recunoscută. A fost o realizare grozavă, una pe care n-aș fi visat în copilărie că aș putea s-o ating, dar după ce am reușit, mintea mi s-a îndreptat către următorul scop. Chiar dacă aveam peste un milion de dolari în capitaluri proprii, nu am simțit că am obținut acea pauză de succes pentru a putea escalada Kilimanjaro. Întotdeauna există următorul proiect sau următoarea tranzacție, iar în curând acele vise inspiraționale de a ajunge la vârf au cazut jertfă scopurilor triviale și deprinderilor de rutină. Dar ideea de a cuceri Kilimanjaro a rămas cu mine.

Scriu aceste memorii în mai 2022, iar în august voi împlini 50 de ani. Mă consider realizat și sunt satisfăcut de succesele mele în lumea afacerilor. Principala idee care mi-a rămas pentru acest capitol din viața mea este să ajung în vârful Kilimanjaro. Am fost implicat în sport de la vârsta de șapte ani, am jucat fotbal și am concurat în judo și jiu-jitsu și am escaladat munți în Ecuador. Corpul și mintea mea erau pregătite și am simțit că este momentul să duc asta până la sfârșitul glorios.

Merg înainte. Înțeleg că ceea ce contează cel mai mult în viața mea acum este familia mea și că trebuie să le ofer copiilor mei sprijinul pe care îl merită. Dacă aș putea să-i aduc în această călătorie în Tanzania, aș face-o, dar sunt prea micuți incă. Înainte de a mă decide, trebuie să mă concentrez asupra familiei mele, simt că e nevoie să completez calea vieții mele, am pornit de jos și am ajuns în vârful unde sunt astăzi. Tot așa voi escalada și Muntele Kilimanjaro!

CAPITOLUL 1:
Copilăria în Moldova

Când mi-am ridicat privirea, două aripi uriașe, albastre fluturau, forțând aerul din jurul meu și-mi zburleau părul. Aripile mi-au umbrit fața în timp ce fluturau deasupra mea. Era un fluture albastru, de dimensiuni uriașe, care zbura pe cer și doar vederea lui m-a umplut de fericire și speranță incomensurabilă.

Visele, care până acum mi le amintesc, au jucat un rol esențial în înțelegerea intuiției mele, oferindu-mi o perspectivă profundă asupra mea și a problemelor cu care urmează să mă confrunt.

Pentru mine, la vârsta de opt ani, acesta a fost doar un vis, dar nu știam că un vis despre un fluture m-ar putea motiva sau îmi poate da încrederea să mă aventurez în lume, construindu-mi propriul drum. Dimensiunile fluturelui din vis erau enorme, nu există fluturi albaștri ca acesta în Moldova. Fluturele este un simbol al bogăției, norocului, dragostei și al multor lucruri bune care aveau să urmeze în viața mea. Acestea au fost idei îndrăznețe pentru un băiat ca mine, care a crescut în spatele Cortinei de Fier prin care nimic nu trecea, nici înăuntru și nici în afară.

De puține ori se întâmpla când ceva se strecura sub acea Cortină de Fier. Îmi amintesc că mi-am făcut o urare profetică în ziua de Anul Nou din 1981 în timp ce mă uitam la concertul de revelion. De obicei televiziunea sovietică prezenta aceste concerte aproximativ pe la ora 2 dimineața în ziua de Anul Nou, care era aproape singura dată când puteai audia muzică pop și rock străină. Mi-au atras atenția deosebită doua femei frumoase care cântău despre Rio de Janeiro. Pentru mintea mea de băiețel de nouă ani, aceste femei erau cel mai frumos fenomen pe care l-am văzut vreodată. Nu am înțeles limba în care cântau și despre ce cântau, numai am înțeles „Rio de Janeiro". Acest lucru a fost suficient pentru a-mi spune: „Mă voi căsători cu o latinoamericană". Pur și simplu, nu știam cum o să întâlnesc pe cineva în timp ce sunt în Moldova. Acum câțiva ani mi-am pus obiectivul să găsesc videoclipul cela din 1981 pe youtube. Am folosit cuvintele-cheie Rio de Janairo, Rio…și nu a luat mult timp să-l găsesc. Am fost surprins că fetele care cântau nu erau latino- americane, nu erau nici americane, ci erau două surori olandeze, Aaltje si Doetje de Vries, grupul se numea Maywood și aveau mult mai multă îmbrăcăminte pe ele decât își amintea băiatul de 9 ani…

Explorarea lumii, așa cum am făcut-o, nu a fost niciodată să pară o opțiune reala pentru viitorul meu. În copilărie am citit povestea unui băiat care visa să fie marinar și să călătorească prin lume. S-a furișat pe o navă de marfă, dar a rămas prins între containere din calã, așteptând luni întregi să iasă din călătoria peste Atlantic. A început cu puțin noroc prin spargerea unui recipient și găsirea de mâncare și apă, dar șobolanii au mâncat curând puținele provizii pe care le avea. În cele din urmă, a trebuit să prindă șobolanii și să-i mănânce cruzi pentru a supraviețui – o poveste înfiorătoare, dar acest băiat era mândru de aventura pe care a trăit-o. Din spatele Cortinei de Fier și eu am visat la aventuri, dar niciodată nu am crezut cu adevărat că mă pot elibera de limitele Moldovei și de ceea ce așteptau de la mine părinții mei.

O parte din aventura tinereții mele a fost găsită în practicarea sportuluit, dar niciodată nu mi s-a permis să o iau mai în serios decât exercițiile fizice. Părinții mei nu au crezut niciodată că sportul ar putea fi o carieră sau o cale pentru viitorul meu, totuși ei au fost cei care m-au încurajat inițial să mă ocup de sport. Mi s-au scos amigdalele pe când aveam cinci ani, imi amintesc foarte clar ziua aceea și zilele urmatoare petrecute la spital cu Mama, într-o camera cu alte femei după operație. Dupa acea procedură, mă îmbolnăveam îngrozitor de grav cu o durere enorma de gât, mă îmbolnăveam de gripă în fiecare iarnă. Ajungeam la spital și aveam nevoie de mult timp să mă recuperez, așa că părinții mei au făcut ceea ce credeau că mă va face mai puternic: m-au îndemnat să fac sport, insriindume la sectia de fotbal pe langa scoala rusa.

Cu cât făceam mai mult sport, cu atât sănătatea mea era mai bună și, în curând, nu trebuia să-mi fac griji că merg la spital în fiecare an. De atunci nu m-am oprit să fac sport; sportul continuă să-mi alimenteze natura competitivă și să-mi mențină corpul și mintea puternice. Relația mea cu sportul a fost lăsată pe seama mea să mă descurc în mod independent, părinții mei nu credeau că sportul îmi poate influiența viața în vreun fel.

Odată m-am întors acasă de la un meci de fotbal și eram încântat să-mi întâlnesc mama. Nu mă puteam opri să-i spun despre câte goluri marcasem, dar răspunsul ei a fost: „Ei bine, nu vei fi niciodată jucător de fotbal, așa că nu te entuziasma prea mult de asta." În schimb părinții mei îmi erau alături, când îmi făeam temele și mereu mă încurajau să citeasc literatura suplementară la programa scolara; a fost frumos să mă împrietenesc cu ei în timp ce lucram împreună. Am practicat în continuare sportul, deși am fost lăsat să-l fac de sine stătător.

Pe tot parcursul școlii, am jucat fotbal și am luptat – am fost chiar vedeta echipei de fotbal a școlii, dar tatăl meu nu a văzut niciodată niciunul dintre jocurile mele. Nu numai Tata, nimeni din familia mea. Tata nu m-a condus la antrenamente de fotbal.

Mergeam de unul singur aproximativ cinci kilometri dus-întors spre stadion de trei ori pe săptămână, începând cu vârsta de la 7ani. Singurul club de fotbal disponibil în oraș era lângă școala rusă și eram în echipă singurul copil din școala moldovenească. Eram exact ca ei, vorbeam rusa fara accent datorita pregătirei preșcolare, am frecventat de la trei ani o gradinită rusă. În mod surprinzător, totusi simțeam că sunt diferit de fiecare data, chiar dacă arătam exact ca ei și vorbeam_rusă fără accent. La fiecare pas, ei încercau să se bată cu mine și să mă facă să mă simt intrus. Am continuat cu încăpățânare, patru ani să mă antrenez în acel club; nimic nu avea să mă despartă de pasiunea mea. După ce am împlinit 11 ani, am decis că este timpul să învăț să lupt, așa că m-am alăturat clubului de judo care, din fericire, avea sediul la Școala Moldovenească. Mai târziu, jucând fotbal pentru liceul meu, m-am confruntat în mod regulat cu fostii "colegi" din acel club rusesc, dar nici unul nu a mai îndrăznit să caute ceartă cu mine vreodată.

Cel mai interesant joc de fotbal al meu din liceu, a fost jucat împotriva satului Zabriceni pe terenul lor, așa că nu am avut suporteri în tribune, doar fani locali care ne batjocoreau și sperau să pierdem. În cele din urmă, am reușit să marchez primul gol - acesta este unul dintre cele mai frumoase goluri pe care l-am marcat vreodată. Am primit o pasă lungă de la un fundaș drept și fără să las mingea să cadă la pământ, am trântit-o de la aproximativ 35 de metri drept sub montant, trimițând mingea sub bară și pe lângă portar și lăsând fanii locali stupefiati. Zece minute mai târziu, am marcat din nou (mutind spectatorii locali pana la sfarsitul jocului), in fine câștigasem cu 2:1, scorul final.

Chiar dacă câștigasem, nu era nimeni în preajmă care să ne sărbătorească victoria, deoarece suporterii din satul rival și-au părăsit terenul, ceea ce mi-a produs un sentiment firesc de nemulțumire. Condusesem echipa noastră la o victorie, o victorie de care nu prea m-am bucurat – familia mea nu era prezentă în mulțime și nu era nimeni care să mă aplaude.

A fost întotdeauna frustrant să văd că părinții mei îi acordau surorii mele, Alina, mult sprijin în activitățile ei. Mama și tatăl meu își făceau timp să asiste la evoluările de dans ale surorii mele, dar când era vorba de sportul meu, nu părea să le pese de ceea ce fac, cu excepția unicului meci de luptă din întreaga mea carieră de sport.

Era o prezență de public surprinzător de mare la campionatul orașului de judo, acest public pentru prima dată includea și pe sora mea și părinții mei în mulțime. Tatăl meu fusese un luptător de stil liber, campion când era la facultate, dar nu a fost prezent la niciunul din meciurile mele înainte de acesta, inclusiv când am ajuns în finala raională la luptele greco-romane și de stil liber trei ani la rând și la campionatul național de judo trei ani la rând.

Domeniul de aplicare a campionatului de judo la nivelul orașului a însemnat că luptam împotriva colegilor mei de la acelas club – ne antrenam și ne luptam împreună de ani de zile. Am câștigat toate meciurile în drumul spre finală, dar în meciul meu final, m-am confruntat cu Sasha Curos, care era într-o clasă de greutate mai mare decât mine si cu mult mai agil. Sasha și cu mine ne-am luptat de multe ori anterior, dar nu am reușit niciodată să-l înving, parea imposibl să trec de avantajul care il avea față de mine. În finală, cu familia mea urmărind din mulțime, am riscat totul cu un procedeu în timp ce mă luptam cu Sasha am reușit o manevră dificilă și înainte să-mi dau seama... Sasha a bătut covorul, s-a predat, a fost o victorie rapidă si decisivă - am câștigat!

Acest meci împotriva lui Sasha a fost un punct de cotitură în viața mea care (chiar dacă nu mi-am dat seama decât mai târziu) mi-a dat un imbold și am căpătat încredere în forțele mele.

Îmi amintesc de unul din filmele mele preferate, Mr. Destiny (1990), în care personajul lui Jim Belushi ajunge să trăiască o realitate alternativă a vieții sale în care nu a lovit mingea în jocul său de baseball din liceul de stat. Și eu am avut asta: singurul moment de victorie în fața părinților mei a provocat un efect de domino al evenimentelor din viață care   m-au adus acolo unde sunt astăzi.

Era prima dată când îl vedeam pe tatăl meu fiind cu adevărat mândru de mine și, din această cauză, mi-aș fi dorit să fi petrecut cu el mai mult timp la astfel de evenimente sportive. Faptul că iese în evidență ca o amintire singulară m-a inspirat să încerc să particip la cât mai multe evenimente sportive ale propriilor mei copii. Mă simt îngrozitor de vinovat chiar dacă lipsesc doar la un antrenament al fiului meu, ceva cu mize atât de mici, dar știu cum te simți când nu ai pe cineva care să te sprijine pe parcurs. Îmi umple inima de bucurie când fiul meu, chiar și la antrenamente, face un joc bun sau înscrie un gol. Imediat el mă caută în mulțime pentru a verifica dacă am văzut.

Nu dau vina pe tatăl meu care părea că e indiferent față de activitățile mele de lupte și fotbal, deoarece știu că a fost mereu ocupat cu propria sa carieră, mai ales când era viceprimar al orașului. La un moment dat, cariera lui politică s-a suprapus cu atletismul meu și aproape au avut efecte dăunătoare pentru noi amândoi. Este important totuși că aceste evenimente ne-au apropiat mult mai mult decât am fost vreodata.

Tatăl meu era pe cale să fie promovat de la viceprimar la Vicepreședintele Sfatului Orășenesc, dar de multe ori avea conflicte de lucru cu prim-secretarul Partidului Comunist din raion, Mircea Snegur, care cerea mai mult respect decât merita.

Îmi amintesc foarte clar, în timpul vacanței mele de vară, mama a venit acasă foarte stresată și incredibil de agitată, spunându-mi să fac curățenie prin casă în timp ce își reținea lacrimile. Când am întrebat ce era în neregulă, ea a izbucnit în plâns și mi-a spus că tata a fost arestat. Șeful poliției, domnul Railian, un lacheu al lui Snegur, ordonase arestarea tatălui meu și s-a deschis un dosar pentru investigarea unei presupuse infracțiuni. Tatăl meu a fost încătușat, a defilat prin oraș pentru a fi umilit și apoi a fost eliberat acasă în aceeași zi, fără restricție să părăsească raionul în timp ce cazul a fost investigat. Timp de peste un an, tatăl meu nu și-a putut găsi un loc de muncă, deoarece de fiecare dată când a solicitat un loc de muncă, i se refuza. A aflat mai târziu că erau instrucțiuni de la conducerea comunistă locală. Au făcut totul ca să-l ingenuncheze. În acel an, ne-am bazat pe salariul mamei mele pentru a ne susține pe toți. În cele din urmă, tatăl meu a fost angajat ca vicedirector al fabricii de pâine Kalininsk, de domnul Zaharia, fost coleg de școală al tatălui. Tatăl meu l-a avertizat de directiva de sus de a nu-l angaja, dar domnul Zaharia a spus că nu se teme de acei clovni de la coducere.

Poliția nu a avut însă nicio probă și nu a reușit să dovedească nimic în ancheta lor; oamenii pe care au încercat să-i oblige să spună că i-au dat mită tatălui meu au refuzat să depună mărturie, pentru că nici măcar nu știau cine este tatăl meu. Un jurnalist de la ziarul ''Moldova Sovietică'' (Sovetskaya Moldavia) a scris un articol după emiterea deciziei finale oficiale asupra cazului.

După toți acești ani, îmi amintesc titlul articolului, „Onoarea uniformei" (Cesti Mundira), deoarece încă îi văd pe mama și pe tata citindu-l cu lacrimi de bucurie și recunoștință în ochi. Articolul a intrat în detalii meticuloase ale cazului, relatând despre oameni ținuți în celule pentru a da mărturii false împotriva tatălui meu. Toți lacheii lui Snegur implicați au fost pedepsiți. Ca urmare a articolului, șeful poliției Railean, a fost înlăturat din post și destituit din gradul său, iar procurorul a fost redistribuit într-o funcție inferioară, într-un alt oraș. Un detaliu foarte important e că a fost omis numele lui Snegur, căci în caz contrar cădea o umbră asupra lui și era incomod pentru autoritatea Partidului Comunist. Dar Snegur era răul din spatele întregului calvar. Până la soluționarea cauzei, Snegur a fost promovat la cele mai înalte funcții ale Partidului Comunist din Moldova Sovietică și s-a mutat în capitala Chișinău.

Din păcate, cariera politică a tatălui meu a fost distrusă, deoarece Mircea Snegur avea să devină primul președinte al Moldovei în 1991, pe când eram boboc la facultatea de drept. A fost o perioadă grea pentru familia mea, iar tatăl meu a încercat încet să-și construiască din nou cariera politică, dar datorită spiritului meu de luptă ne-ar fi făcut viața și mai complicată.

Organizate de școală, discotecile erau locuri populare pentru tineri pentru a se întâlni și a dansa, iar toate clasele se amestecau pe ringul de dans. Fiind in clasa a noua, eram cu prietena mea din clasa a opta. Am atras atenția că un baiat din clasă mai mare, clasa a zecea (pe timpul URSS era ultima clasa de la scoala medie), Anatol Paduca, a facut un gest grosolan, care am crezut ca e lipsit de respect față de prietena mea. În căldura momentului, l-am invitat în vestiarul sălii de sport, unde i-am aplicat câteva lovituri fatidice, deși eram doar un elev din clasa mai mică, și i-am rupt buza în trei sau patru locuri. Repercusiunile luptei aveau să vină rapid, deși am încercat să ne împăcăm - părinții mei erau din același sat cu părinții lui Anatol și la un moment dat prieteni apropiați, așa că am fost adus la apartamentul lui Anatol în aceeași noapte și a trebuit să-mi cer scuze pentru incident. Părinții noștri au făcut schimb de amabilități și părea că scuzele fuseseră acceptate... până a doua zi de școală.

Mama lui Anatol a mers la directorul școlii și a insistat să fiu suspendat de la școală și pedepsit. Eu, fiind un campion la judo care m-am bagat într-o bataie, m-aș fi confruntat cu urmari grave. Am fost suspendat două săptămâni și a fost primul caz când cineva de la școală a fost exmatriculat pentru o bătaie. S-a simțit ca o răzbunare politică împotriva tatălui meu, care încerca să-și reînvie cariera în serviciul public. La acea vreme cel mai nefast moment din viața mea – tatăl meu, care a ieșit din această încercare de doi ani, a trebuit brusc să se confrunte cu problemele fiului său suspendat pentru bataie la scoală, m-a făcut sa mă simt foarte vinovat în fața Tatalui. Suspendarea și bătaia nu numai că mi-au influențat propriile note, dar m-au și urmărit în cariera mea universitară, schimbându-mi viața pentru totdeauna. Acest eveniment a pus capăt și carierei politice a tatălui meu.

Atunci am simțit că era o perioadă grea care nu părea să propună niste soluții pozitive, optimismul era de negasit, îmi părea că intreg Universul a hotărât să mă pedepsească pe mine și pe Tatal meu. Dar Universul a decis altfel. La scurt timp după incidentul de luptă, tatăl meu a primit scuze oficiale pentru acuzațiile false din partea oficialilor Partidului Comunist și ale orașului și a fost numit președinte al celei mai mari companii de construcții din oraș. Tatăl lui Anatol s-a întâmplat să lucreze la acea companie ca inginer - sef, deși el insuși spera să ajungă la funcția de președinte.

Cred că Anatol și familia lui ar fi trebuit să citească operele lui Shakespeare înainte de a se angaja într-un act de răzbunare:

„Nu încinge un cuptor fiebinte pentru inamicul tău, căci ar putea să te aprindă și pe tine". Tatăl lui Anatol a fost concediat la scurt timp după ce tatăl meu a preluat compania. La un moment dat, l-am întrebat pe tatăl meu de ce l-a concediat pe tip. Răspunsul scurt al tatălui meu a fost: „Ce crezi că ar trebui să fac cu cineva care a încercat să-ți facă un rău, să-ți dăuneze. În plus, era un inginer penibil și incompetent"

Am învățat multe despre a fi un om moral de la tatăl meu, iar lecțiile lui mi-au rămas cu mine pe toată viața, în timp ce fac afaceri și îmi cresc copii. Oricât de mult regret că nu am avut părinți care să mă susțină mai mult în copilărie, am simțit mereu dragostea bunicilor.

In anul 1980 familia noastra s-a reunit cu neamurile noastre din Ufa, Rusia, ude bunelul meu a avut un fiu care s-a nascut in 1943, pana la sosirea bunelului in Moldova in 1944 si pana a se casatori cu bunica mea. Urmatoarea data cand aveam sa-m vad pe familia mea din Ufa, Unchiul meu si verisorii mei avea sa fie in 2018in timpul campionatului lumii la fotbal care se derula in Rusia. Nu avem nici o legatura cu ei dupa moarte bunelior, dar am facut legatura cu verisorul meu prin reteua rusa de socializare Odnoklassniki.ru, el avea pe pagina lui onlain aceias fotografie ca si eu, noi toti fericiti sa fim impreuna in vara anului 1980.

Reunirea familiei dupa 38 de ani. Dela St. Peterburg am zburat direct la Ufa impreuna cu Jazmina, copii si parintii mei.

Casa de copilarie a Bunelului in satul Engalasego aproximativ la 40 km de la Ufa.

CAPITOLUL 1: Copilăria în Moldova   11

Turistii mei scumpi, se uita in departare la privelistea frumosului oras Ufa de la balconul hotelului nostru.

Ultimul joc al Campionatului Mondial 2018 care l-am privit la viu, Argentina impotriva Nigeriei.

Primii ani de judo. Sunt al treile in randul sus de la stanga. La dreapta mea este Sasa Curos, victoria asupra caruia in finala Campionatului Orasanesc la Judo a fost dupa parerea mea unul din momentele decesive in soarta mea.

Bunelul meu (Tatunica) erou al Marelui Razboi pentru Apararea Patriei. Cand a inceput razboiul era in scoala militara, avea numai 20 de ani, a fost inrolat in detasamentul de recunostinta unde a fost grav ranit in ultima sa misiune. Dupa recuperare a fost trimis in Moldova in toamna anului 1944.

Tatăl mamei mele, „Tatunia", a fost un erou care a luptat în cel de-al Doilea Război Mondial și în Războiul de iarnă din Finlanda, în ambele razboaie în detasamentul de recunoaștere, imediat după absolvirea școlii militare în Uniunea Sovetică (Rusia). Pe atunci a merge la școala militară era singurul lucru care garanta că nu vei muri de foame. Mama mea nu știe prea multe despre familia buniculul meu, pentru că au murit în foamete prin anii treizeci. Bunicul meu a devenit în ochii mei un simbol al puterii, fundamentul familiei și această imagine de nezdruncinat a lui a fost accentuată de toate cicatricele de război care i-au acoperit tot corpul. Fiind rus și rămânând în Moldova dupa eliberarea Moldovei în 1944, de la început ca ofiter al Armatei Sovietice pentru a păstra dictatura nou instituită, pe urmă ca soț al binicii mele cu care s-a intilnit fiind la veghea noii administrații, bunelul meu niciodata nu a vorbit rusa nici cu copiii lui (mama mea și cei doi unchi ai mei) și nici cu noi, nepoții. A vorbit o limba română stâlcită până la sfârșitul zilelor sale…. Doar înjura în rusă…

„Mamunica", bunica mea, i-a supraviețuit buniculul meu cu 11 ani și am fost norocos că soția mea a avut ocazia sa-i cunoască.

Jazmina i-a întâlnit pentru prima dată în iunie 1995, când m-am întors de la Universitatea din Statele Unite. Imi amintesc că ne-am adunat toată familia mea mare, inclusiv și cei doi frați ai mamei mele cu familiile lor, la casa din sat a buneilor mei. Să-mi fi spus cineva, să fi știut că aceasta va fi ultima dată când ne vom aduna așa…. Tristețea mea de a-i pierde este încă copleșitoare, dar am fost norocoși că aveam deja camere video atunci și acum putem retrăi acel moment oricând vrem pe ecran.

Părinții mamei mele au ocupat un loc special în inima mea, căci sora mea și eu am petrecut fiecare vară cel putin o lună, uneori două cu ei, la casa din sat. Pământul lor avea tot felul de fructe: cireşe, mure, zmeură, mere, prune - ca să nu mai vorbim de animale. Gândindu-mă la fermă, îmi amintesc doar cât de norocos am fost că am avut o copilărie grozav de pozitivă. Pot chiar să indic direct unul dintre cele mai fericite momente din viaţa mea în timpul petrecut la casa buneilor.

Într-o dimineaţă, când aveam în jur de 11 ani, m-am trezit şi am avut o senzaţie atât de uşoară în piept, de parcă aş putea începe să plutesc şi să zbor. Lumina soarelui de dimineaţă târzie, care se furişa prin frunzele nucului bătrân de afară şi strălucea prin fereastră, era izbitoare. Toate uşile şi ferestrele erau deschise, aşa că draperiile fluturau în timp ce aerul trecea prin casă; auzeam vocile bunicilor mei care aşezau masa de afară, la aer liber, pentru a servi micul dejun.

Micul dejun era întotdeauna deosebit, deoarece bunica mea mergea să culeagă căpşuni proaspete din grădină şi le amesteca cu smântână de casă, de la văcuţa noastră, Joiana. Ouăle proaspete, depuse în cuibar peste noapte de găini, urmau să fie preluate din hambar şi servite alături de pâinea proaspăt coaptă, scoasă chiar din cuptor. Ne adunam cu toţii sub uriaşul prăsad, sorbind ceai negru fierbinte, în timp ce aerul curat şi pur de la ţară ne inunda. Ne însoţea cotcodăcitul găinilor, măcăitul raţelor şi gurluitul porumbeilor sălbatici din copaci.

Este cu adevărat una dintre cele mai fericite amintiri pe care le am şi care nu face decât să reafirme cât de norocos am fost să am o copilărie fericită înainte de a ieşi în lume, păşind în cele din urmă peste Cortina de Fier. O să mai am încă multe încercări şi necazuri în faţa mea, dar întotdeauna o să păstrez acea amintire de neuitat a verilor de la casa din sat a buneilor, a fermei pline de animale de casă, pentru a-mi păstra inima curată şi pregătită pentru tot ce avea să-mi vină în cale.

CAPITOLUL 2:
Universitatea și SUA

Trăind sub conducerea comunistă, într-o societate socialistă, nu aveam nicio înclinație firească către o educație în afaceri sau capitalism, deoarece, în general, viața în spatele Cortinei de Fier însemna să fiu într - un "mod de supraviețuire". Ai fost învățat să crezi că totul este decis pentru tine și că statul se va ocupa de toate deciziile pe care altfel ar fi trebui să le iei pentru tine însuți. Ți s-ar da un loc de muncă, ai avea un salariu și te-ai porni pe o cale prestabilită, dar această iluzie a început să se spulbere pe măsură ce Uniunea Sovietică a început să slăbească și să se dezintegreze.

Fac parte din generația cea mai afectată de aceste schimbări. Viitorul era incert, dar in același timp mai deschis viselor și oportunităților noastre.

Aș putea visa să merg la facultate și să urmăresc scopuri, dar consecințele luptei mele la discoteca școlii au însemnat că realitatea mea plină de speranță s-a lovit de o problemă gravă. Lovitura care i-am dat-o lui Anatol și exmatricularea mi-au pătat palmaresul școlar, afectând șansa mea pentru a avea medalia de argint. A avea o medalie a fost necesar pentru a evita bătaia de cap a trei examene grele de intrare la facultatea de drept. Dacă aș fi avut medalia, aș fi fost înscris automat la universitate, când am promovat primul examen. Din păcate, după următoarele două examene, scorurile mele la testare au fost prea mici pentru media de trei examene de intrare. M-am simțit ca un eșuat complet și total cu două note de 4 si un 5 (in sistemul Sovietic 5 era nota maximă) când aveam nevoie de toate trei examene date pe 5.

M-am uitat cum toți prietenii mei plecau la universități, începându-și cariera, în timp ce eu eram lăsat în urmă, clocotind de ură față de Anatol și familia lui împreună cu cei care încercaseră să-mi distrugă tatăl. Am fost devastat din punct de vedere psihologic, când am lucrat timp de un an într-un atelier mecanic, lucrând la mașini și camioane, în timp ce prietenii mei stăteau la cursuri și își începeau studiile pentru o eventuală carieră. Am fost și mai frustrat când foștii mei colegi de clasă veneau în vizită la atelierul mecanic (majoritate cazurilor simțeam ca o faceau ca să mă umilească, să-mi arate cât de departe eram de la scopurile mele și pe cât de plini de succes sunt ei...Eram pătat de ulei industrial, în timp ce ei erau curați și mandri, veniți în vacanță din capitală unde studiau.

Nu eram în stare să accept tacit acest lucru, iar modul meu de supraviețuire a răbufnit: am fost nevoit să accept această pierdere, să nu intru în primul an dupa terminarea liceului la universitate, dar nu o să mă lăs niciodată mai mult să mă înfrâng și să accept eșecul ca opțiune. Nu am găsit liniște în interior până în primăvara următoare, când am început să mă pregătesc din nou pentru examenele de admitere la facultatea de drept, dându-mi un impuls și stabilind un obiectiv. Despre un eșec nici nu mai putea fi vorba.

După un an de lucru în atelierul mecanic și un studiu dur pentru examenele de admitere la facultatea de drept, am susținut testul și, în sfârșit, am fost admis la universitate. În anul 1990 au fost acceptați doar 75 de studenți boboci la Facultatea de Drept la Universitatea de Stat din Moldova (singurul program de drept din țară). Am fost numărul 67 pe listă după examenele mele de admitere (5 la istorie, 5 la examenul de limba română,

4 la compunere în limba română). Rezultatele de la examenele de înmatriculare și performanțele mele sportive mi - au permis de a trece de pragul Universitar, am devenit student. Cu un an în urmă părea imposibil acest lucru.

O parte foarte importanta din admiterea mea neașteptată a fost întâlnirea cu prietenul meu Igor, care era cu un an mai tânăr decât mine și cu care mai târziu aveam să plănuiesc să escaladez Kilimanjaro după ce aveam să câștig primul milion de dolari. Totul se întoarce la momentul meu ca in filmul Mr. Destiny unde o clipă fantastică decide urmatoarele secvente din viață; învingându-l pe Sasha în acea finală la campionatul orășenesc de judo, mi-a dat încrederea în abilitățile mele fizice, dar mi-a insuflat aroganta, ca urmare sa-l bat pe un băiat din clasă mai mare la discoteca școlii și ca urmare să-mi pun viața pe calea care urma să fie. Timpul în care am lucrat ca mecanic și vedeam colegii de clasă mergând increzuți mai departe a fost umilitor, dar a și crescut în mine un sentiment de determinare de a nu mă lăsa învins mai mult niciodata. Această dorință nouă de a explora viața mai pe deplin, inclusiv capitalismul și castigul banilor, au venit într-un moment ciudat din viața mea, dar și al noii țari apărute in urma căderii Uniunii Sovetice – Republica Moldova.

Cand am intrat la Universitate, la 1 septembrie 1990, Uniunea Sovietică era în agonia morții. Noi încă nu stiam aceasta. La prima lecție ni s-a predat obiectul "Statul si dreptul", profesor fiind Domnlul Negru. Dumnealui a rostit o fraza care se baza pe previziunile unui clarvăzător din Afganistan, fraza pe care mi-o aminteam ulterior de multe ori: "Congresul 28 al Partidului Comunist o să fie ultimul congres al Partidului Comunist al Uniunii Sovietice și după acest eveniment tara o să se distrame". Am râs toți cei prezeți la prima lecție, cum este posibil așa ceva? Congresul fusese cu mai puțin de două luni înainte, în iulie, și destrămarea Uniunii... totul pare pur si simplu imposibil. Cât de multe aveau să se schimbe până la prima lectie de la 1 septembrie 1991...

In acea perioadă de tranziție, un număr mic de oameni s-au îmbogățit imens, atunci am conștietizat că am crescut relativ sărac. La Universitate aveam colegi bogați ai căror părinți privatizaseră o fabrică sau furaseră din cuferele sovietice care se prăbușeau, am văzut oameni conducând mașini exotice noi, mâncând în restaurante în fiecare zi și trăind un stil de viață generos și luxos. Totuși așa trăiau foarte puțini. Pe măsură ce Moldova s-a separat de Uniunea Sovietică în 1991, mulți au avut de suferit de confuzie și dezorientare.

Moldova s-a luptat să-și formeze noua republică sub conducerea lui Mircea Snegur, iar în orașe și sate populația s-a confruntat cu un haos total, deoarece resursele, până și produsele alimentare, erau limitate. Banditii cutreierau străzile; se simțeau stăpâni din cauza lipsei unei poliții puternice, finanțate de guvern. Mulți din polițiști din timpurile celea adesea acopereau fărădelegile banditilor. Mi se face pielea de gaină cand mă gândesc la cei care și-au pierdut viața pe străzile noastre periculoase și nu au primit dreptate. Știam că munca pe care vreau să o fac ar trebui să mă distanțeze de corupția tot mai mare din Moldova. Deși am avut posibilitatea să studiez la universitate, aceasta nu a fost o sarcină ușoară nici pentru colegii mei și nici pentru mine.

Odată cu secesiunea Moldovei, produsele alimentare au devenit deficit atunci când aveam cea mai mare nevoie, iar studenții puteau aștepta ore întregi la coadă să cumpere o pâine și până le ajungea rândul, pâinea se termina și nu cumpăram nimic ...

Am simțit pe pielea mea și nu o data am simtit-o! În fiecare toamnă, studenții erau trimiși la lucru în colhozuri timp de două sau trei săptămâni dintr-un an universitar. Era un program sponsorizat de stat în care studentii erau obligați să ajute la recoltarea roadei. Eram plătiți cu mâncare și foarte puțin în numerar. Dar eram bucuroși, deoarece mâncarea ne era servită în câmp. În plus, munca agricolă colectivă, colhoz, a fost una dintre cele mai plăcute experiențe de studenție, pe care le-ar putea trăi vreodată un tânăr, cu petreceri grozave după muncă la discotecile din satul în care lucram. Adesea ne certam cu flăcăii din sat, pentru că încercam să acostăm fetele, în fine totul ducea la o distracție bună.

Într-o seara, pe când așteptam să plecăm la colhoz ziua următoare, flămânzi ca niște câini, fiindcă nu mâncasem toată ziua, eu și patru colegi de camera am hotărât să punem la gătit toți cartofii pe care îi aveam. Igor Andrieș adusese o găina pregatita de mama lui, care trebuia doar să fie încalzită. Igor, dupa ce am curățit cartofii, a plecat la bucătărie sa-i prajească. Bucătăria se afla langă toaleta bărbaților de pe etajul nostru. Mirosul care venea de la baia comună era sufocant, mai ales faptul că mai tot timpul era inundație in toaleta ceea. Ieșind din baie, toți lăsau urme care se extindeau până pe la mijlocul coridorului, acea cărare umedă și urât mirositoare nu părea să se usuce niciodata. În timp ce noi patru, Dorin Coval, Sașa Parfeni, Sergiu Brânză și eu jucam cărți, Igor se poraia la pregătirea unei "cine regale" cu cartofi prăjiti și o găină pregătita de acasă. Așa jucând cărți l-am vazut pe Igor intrând în odaie și spunând: Băieți, ne-am lins... Am dat toți buzna pe ușă să vedem ce s-a întâmplat și cu groază am văzut tigaia cu tot cu cartofi și cu găina, care era deasupra, rasturnată tocmai pe cărarea umedă pe care am descris-o mai sus. S-a întâmplat tragedia... Igor cu tigaia cu cartofi și găina mândră deasupra cartofilor a ieșit din bucătărie și tocmai cănd a ajuns la "drumul umed", coada tigăii s-a rupt... Stăteam toți cinci în șoc în jurul tavei pentru cateva clipe, care a părut o veșnicie, până nu am auzit pe un student din anul patru zicând din spate: "Poftă bună, băieți..."

Nu m-am putut abține să nu mă gândesc cum am trăit cu un an înainte fara grija de alimente care erau la prețuri accesibile și ne-am descurcat, dar acum această nouă democrație ne aducea un calvar. Societate era abuzată dur de cei de la putere, în acelasi timp a izbucnit și războiul în Transnistria din cauza separatiștilor și a influenței ruse.

În 1992 Moldova se pregătea să țină piept forței sprijinite de Rusia din Transnistria, așa că activiștii de război au ajuns si la universitate noastra, intraind in clasa in timpul lectiilor pentru a mobiliza studenții la "apărarea tării și a neamului". Au fost propagandiști talentați care au jucat cu demnitatea noastră națională rănită, făcând apel la o urgență, „acum sau niciodată", creată de propria lor imaginație. Mulți dintre noi, inclusiv si eu, am fost influențați de cuvintele lor și am fost urcați autobuze și duși spre autonomia renegată Găgăuzia, care spuneau că se pregatește să se declare independentă față de Republica Moldova.

Când am ajuns în orașul de sud Kahul, unde a fost stabilit centrul de înrolare în garda națională, mi-am dat seama de greșeală care o făceam. Cel mai puternic catalizator pentru mine era că prietena mea trebuia să mă viziteze în acel weekend la Orhei, unde studia pedagogia. Cântărind protecția mândriei naționale și un weekend distractiv cu prietena mea la cămin, alegerea a fost evidentă, așa că am coborât din autobus și m-am urcat în alt autobus îndreptat spre Chișinău.

Luni, când am venit la lecții, am fost șocat să găsesc că mama mă aștepta la universitate, vizibil bucuroasă când m-a văzut îndreptându-ma la lecții. Am aflat de la ea ca activiștii agitatori ne filmaseră când ne urcam în autobuze și fusese difuzat la teliviziunea natională, iar mama mă văzuse printre toți ceilalți studenți plecând la război. Am apreciat îngrijorarea mamei mele, dar cred că știam în adâncul sufletului că lupta cu arme și tancuri, milităria, nu va fi calea mea în viață.

Fotografia e facuta in caminul #11 al Universitatii de Stat al Moldovei in timpul sdutiilor mele la Facultatatea de Drept. Costea Morar pe primul rand primul de la stanga, colegul meu de scoala, a terminat cu success Universitatea de Medicina, a devenit hirurg renumit si s-a intors in orasul nostru natal Edinet la Nordul Republicii, Eu cu cusma de iarna, Oleg Alexa (la stanga mea), cel mai bun prieten al meu si vecinul de camera Igor Andries (penultimul la dreapta) si fratele lui vitreg Vasile Andries, care invata la facultate de Istoria a Universitatii de Stat.

Alexandru Ilco (primul de la stanga) care a terminat facultatea de medicina si a devenit un hirurg prosper in Romania si la stanga mea e Dorin Covali, cu geniul sau ascuns.

În al treilea an de facultate de drept, am avut un vis, parcă auzeam un discurs venind de cealaltă parte a unui zid masiv, deși nu puteam vedea cine și în ce limbă vorbea. Știam că este într-o limbă străină și am început să urc peste acel zid, ca să recunosc în ce limbă se vorbea. Când am ajuns de cealaltă parte a zidului, știam exact ce se spunea. La acea vreme eram concentrat să învăț limba franceză pentru că o studiasem anterior la școală; ar fi fost un curs ușor de urmat. Un lucru era să studiez o limbă străină la acea vreme, dar alt lucru era să o utilizez efectiv. Igor a fost cel care m-a determinat să fac altceva.

Nu aveam de gând să studiez engleza, deși era o limbă la modă de învățat, deoarece cursurile private se deschideau în tot orașul. Igor a fost foarte insistent și permanent mă convingea să

24   DRUMUL SPRE KILIMANJARO

mă înscriu la cursul lui de engleză, așa că atunci când cursul de franceză a fost închis din cauza lipsei de studenți, am acceptat în sfârșit să merg la cursul de engleză cu el. Mi-a spus să nu-mi fac griji, deși nu am studiat engleza niciodata, totuși am intrat cumva la cursul avansat de engleză de nivelul întâi... și mi-am dat seama ce se întâmplă. Am decis să învăț rapid engleza.

Până la sfârșitul anului însă a fost organizat un concurs pentru un program de studii în străinătate sponsorizat de George Soros. Am încercat să-l conving pe Igor că ar trebui să participăm în concurs, dar Igor a fost ferm că vom eșua și trebuie să studiem mai mult. Am decis că voi risca și oricum am aplicat la concurs.

După ce am trecut prin procesul de aplicare și testare, cunoștințele mele de engleză au fost suficient de bune, încât am câștigat concursul. Dacă Igor ar fi aplicat, ar fi reușit și el. În schimb, câștigasem bursa pentru a merge la Universitatea din Ungaria pentru vară și, cu ajutorul tatălui meu, am reușit să-mi iau primul pașaport și să plec la Budapesta pentru a afla mai multe despre economia politică la Universitatea Central -Europeană, cunoscută anterior ca Universitatea Karl Marx.

În Ungaria, am întâlnit câțiva americani care m-au motivat să studiez în Statele Unite. Dacă pot studia în străinătate în Ungaria, de ce nu aș putea și în Statele Unite? Visele mele au început să ia o nouă amploare.

Din nou o mână invizibilă m-a condus acolo unde îmi era sortit să fiu. In al patrulea an de facultate de drept în Moldova și, din nou, prietenul meu Igor a ratat șansa, deși de data aceasta nu a fost în totalitate vina lui.

Pentru programul de drept, o parte din programa noastră era medicina legala și trebuia să mergem la spitalul de psihiatrie la Costiujeni în fiecare luni, pentru a evalua și observa pacienții psihiatrici: de ce au fost internați, cauza de reținere erau probleme psihologice, sunt ei responsabili penal sau trebuie să fie îngrijiți în instituții specializate. Eu și prietenii mei am decis să rămânem în campusul universitar în loc să mergem la spital, dar Igor nu a ajuns niciodată la Universitate în acea zi, fiindcă automobilul cu care venea spre Chișinau de la Ungheni s-a defectat. În timp ce eram la Universitate, exploram fără mare grija birourile de programe speciale, unde am găsit o femeie americană care acorda interviuri pentru un program de studii în Statele Unite, cum și mi-am imaginat, așa concursuri se tineau în secret, pentru a promova unii studenți protejati de careva profesori sau chiar de rectorul Universitatii. Eu și prietenul meu Viorel Sarabuna ne-am băgat, fără multe întrebări, în rândul studenților ca să trecem prin procesul de interviu.

Engleza mea în acel moment era bună, dar acum participam la un interviu cu vorbitori nativi de engleză pentru program. Totuși m-am trezit câștigător la interviu împreună cu prietenul meu Viorel și încă o studentă de la facultatea de jurnalistică Nicoleta Muntean. Prin soartă, noroc sau pură întâmplare, mi s-a oferit șansa de a merge în Statele Unite pentru a studia la Universitatea din Florida Centrală în ultimul an, între 1994 și 1995. Domnul Sedletsky, decanul de la Facultatea de Drept al Universitatii de Stat, mi-a acomodat programul de colocviumuri și examene cu programul din SUA. Aveam să susțin toate restanțele în mai 1995, pe când aveam să mă întorc din SUA, înainte de examenele finale și lucrarea de diplomă care trebuia să o scriu fiind in SUA.

Când am ajuns în Florida, toți cei opt studenți din programul de schimb cu Universitațile din Moldova am fost urcați într-un autobuz într-una dintre primele seri și duși la Pleasure Island, cartierul de divertisment de la Walt Disney World. Venind din

Moldova, o țară în care situația economică era precară, străzile erau întunecate noaptea, nu eram pregătit pentru cât de șocant de frumoasă era Insula Plăcerilor (Pleasure Island). Drumul spre Insula Plăcerilor trecea prin centrul frumosului oraș Orlando, cu zgârie - nori și plin de lumină… La începutul acestei cărți povestesc despre Ziua Indrăgostiților din 2021, când priveam din geamul unuia din zgarie - nori, de la ultimul etaj jos și în restrospectivă vedeam drumul pe care treceam în august din anul 1994 spre Pleasure Island. Vedeam acel autobus cu noi,studentii tineri moldoveni, toți plini de bucurie cu o senzație nemaipomenită că ceva grozav de superb avea să se întâmple și nici nu ne dădeam seama ce. Totul era strălucitor și oriunde te întorceai erau din ce în ce mai multe lumini; credeam că toate Statele Unite trebuie să fie așa. Am aflat mai târziu că nu este tocmai așa.

La doar câteva zile după sosirea mea în SUA, pe 15 august 1994, aveam să o întâlnesc pe dragostea vieții mele, Jazmina, la o întrunire a Asociației Internaționale a Studenților UCF. M-am trezit vorbind cu ea aproape tot timpul la acea întâlnire; conversațiile noastre curgeau atât de ușor și într-un mod pe care nu l-am mai experimentat niciodată. Era ca niciuna dintre fostele mele prietene, așa că nu mă așteptam la ce a urmat: în noaptea aceea, am văzut-o în vis. Visam că am luat-o pe fata pe care tocmai o cunoscusem și am ridicat-o în brațe. Am urmat un drum care a alunecat în jos, dar în timp ce drumul a urcat brusc în sus, am auzit o voce în urechea mea șoptind: „Aceasta este soarta ta". Îmi amintesc în continuare că trezindu-mă în dimineața următoare, mi-am amintit clar visul și eram confuz.

Doar două zile mai târziu a fost o excursie organizată pentru noi de Asociația Internațională a Studenților; mergeam cu toții la Busch Gardens, Tampa. Cu mașina era un drum de două ore, a trebuit să urcăm cu studenții care aveau automobile proprii și prin ceea ce părea o simplă coincidență la acea vreme (ceva despre care știu acum că nu există), am nimerit cu celălalt prieten al meu moldovean și prietena turcă a Jazminei în automobilul Jazminei. Ne-am distrat atât de mult la Busch Gardens și, la câteva zile după acea călătorie, mi-am dat seama că mă îndrăgostesc până peste cap de această fată din Ecuador.

Jazmina si eu la Bush Gardens in Tampa, Florida. Este prima noastra fotografie impreuna. Era a doua oara in viata can o vedeam, o zi dupa ce am avut visul profetic despre ea.

Jazmina si eu la concertul lui Billy Joel si Elton John in primavara anului 1995. Jazmina si eu o sa fim la un alt concert a lui Elton John, numai ca de data aceasta o sa-l privim din Loja VIP Nutriband la Amway Arena in Aprilie 2022.

Aprilie 2022, Nutriband Inc. Presidential Suite.
Ultimul concert a lui Elton John in Orlando, Florida.

Pe cand plecasem la UCF (Universitatea Floridei Centrale), am lăsat o prietenă în Moldova – ultima data când am văzut-o a fost când m-a petrecut și și-a luat rămas bun de la mine la gară feroviară din Chișinău, în drumul meu spre București de unde a doua zi trebuia să zbor in SUA. Nu - mi era sortit să fiu cu o moldoveanca. Întâlnind-o pe Jazmina, am înțeles cât de diferită este ea și cât de fascinante sunt conversațiile noastre, ceva care nu am simțit nciciodata cu prietena din Moldova. Cu Jazmina petreceam vorbind ore în șir la telefon; tot ce învățam despre ea era minunat. Jazmina a fost persoana cu care am fost sortit să mă căsătoresc, așa cum mi s-a prezis în vis și dorința pe care mi-am pus-o de Anul Nou -1981 pe când aveam 9 ani.

În toamna anului 1994, pe când eram încă student la UCF, Octavian Chiriac, Nicoleta Muntean și cu mine am dat un interviu la un jurnalist moldovean, care urma să fie difuzat în Moldova. Destul de amuzant, Jazmina a fost prezentă în timpul interviului, ascunzându-se într-un colț al camerei de la cămin a Nicoletei, unde a avut loc interviul. Jurnalistul a pus o întrebare foarte interesantă și am rămas surprins de răspunsul meu la 22 de ani. Întrebarea a fost: „Vreți să vă întoarceți în Moldova sau să rămâneți în SUA?" Atât Octavian, cât și Nicoleta și-au afirmat ferm intenția de a merge acasă și de a ajuta țara să se dezvolte pentru a deveni „o adevărată țară europeană".

Eu am spus: "Nu". Cea mai mare teamă a mea era că în douăzeci de ani voi deveni indiferent și corupt la fel ca "liderii Moldovei" de pe atunci.

Logica mea, pe care am aplicat-o, a fost simplă, era că nu credeam că persoanele care conduceau țara la acea vreme erau mereu așa; au fost și ei cândva studenți tineri, idealiști, cu vise mari. Abia după ani pe care îi petrecusera în sistem au devenit cine sunt: victimele unei paradigme foarte periculoase care îți poate schimba dramatic realitatea și așteptările.

În 2014 am avut ocazia să văd ceea ce aș fi putut să fiu și eu să fi rămas în Moldova, când am ajutat un prieten și coleg de-al meu de la facultatea de drept, un judecător care fugea de problemele din Moldova legate de hotărârile judecatorești care le luase. L-am găzduit pe el și pe familia lui timp de aproximativ șase luni și, în acel timp, mi-am dat seama că era o carapace a prietenului care rămasese în memoria mea de treizeci de ani. În universitate discutam și despre teoria freudiană, filozofie și problemele economice sociale moderne, dar acum el devenise oarecum superficial și neinteresant. Era vizibil zdruncinat și speriat de necazurile de acasă, aproape acționând după un fel de instincte animale improprii cuiva care stătea pe banca judecătorului. Mi-a spus povești de groază despre faptele la care a participat și a vrut să-l înțeleg și să mă alătur cu el, dar pur și simplu nu am putut. În timp ce vorbea, pielea mea se facea de găină la gândul ce aș fi putut deveni, dacă aș fi ales să fac o carieră în Moldova. Chiar și acum, dupa atâția ani, aș vrea să cred că în afară de cicatricele de luptă ale vieții, am rămas același tânăr de 22 de ani cum erm în timpul interviului meu din toamna anului 1994.

În mare parte America mi-a permis să-mi păstrez valorile și să-mi trăiesc viața așa ca să pot fi mândru. Am experimentat asta în timpul petrecut în programul de schimb al UCF. Mi s-a părut că studiul la UCF este mult mai ușor decât studiile de la facultatea de drept, deoarece la majoritatea examenelor itemii erau cu alegere multiplă. Aș putea citi materialul o dată și totuși să obțin note de trecere. De fapt acele note nu contau pentru diploma mea în drept, nu m-a deranjat ce note am primit. Singurul obiect de studiu la care țineam cu adevărat a fost cursul de spaniolă, pe care l-am urmat pentru semestrul meu din primăvara anului 1995. Îmi petrecusem Crăciunul și Revelionul cu Jazmina și familia ei în Ecuador astfel motivându-mă să învăț limba spaniolă. Am crezut că cunoștințele mele de română îmi vor fi de folos mai ușor să înțeleg spaniola ca o altă limbă romanică, dar nu a fost cazul.

Când ne-am întors din Ecuador, primul lucru pe care l-am făcut a fost să mă înscriu la cursul de spaniolă Nivelul III. La început a fost un dezastru, deoarece toți studenții aveau o înțelegere de bază a spaniolei și puteau vorbi într-o anumită măsură - eu nu știam nimic. Profesorul, señora Katusik, a înțeles imediat acest lucru și s-a apropiat de mine la sfârșitul primei ore. I-am spus adevărul: nu mai făcusem niciodată un curs de spaniolă. Ea mi-a recomandat să încep cu nivelul cursului, dar i-am spus că nu pot: programul meu se termina în luna mai și aveam doar patru luni să vorbesc fluent spaniola înainte de a mă întoarce acasă. Señora Katusik s-a uitat la mine neîncrezătoare până când a spus: „Ei, bine, dacă pot face un miracol, vom vedea..."

Am luat lecțiile de spaniolă foarte în serios, deoarece îmi doream să pot vorbi cu Jazmina în limba ei. Patru luni mai târziu, în timp ce restul clasei încă citea pe silabe și incercau să țină conversații semnificative, eu vorbeam fluent! Și acest vis mi s-a realizat! Señora Katusik mi-a dat un A (scorul maxim) la clasă și cred că a fost singurul pe care l-am primit în timpul programului de schimb.

După ce programul s-a încheiat în mai 1995, m-am întors în Moldova pentru a-mi promova examenele finale la Universitatea de Stat din Moldova și am început să lucrez la IntreprinzBanca. Știam că trebuie să mă întorc în SUA și, având în vedere acest obiectiv, am reușit să-l conving pe fostul meu șef, Veaceslav Vizir, să-mi sponsorizeze studiile la UCF, studiind pentru un magistrat în economi aplicată.

Am avut o relație foarte bună cu Veaceslav, care era fiul președintelui băncii; a crezut cu adevărat în mine și a vrut cu adevărat să mă vadă reușind. Din păcate, după ce am plecat în SUA, a intrat într-o ceartă cu un oficial de stat de rang înalt care a dus la o serie de investigații organizate de guvern. Acest lucru a provocat la căderea băncii, iar atât tatăl, cât și fiul au fost arestați și acuzați pentru corupție. Întregul sistem financiar tocmai era înființat la acea vreme, așa că unele dintre reguli nu erau clare sau bine definite. Am crezut că pedeapsa a fost extrem de severă pentru acuzațiile aduse împotriva lor.

Fostul meu șef a petrecut 11 ani după gratii și, odată ce a fost eliberat, m-am putut întâlni cu el. În memoria mea el rămăsese un fost ofițer al Forțelor Aeriene (era ofițer al Armatei Sovietice înainte de a se lansa cu taică - său în business) la vârstă de 35 de ani, chipeș și puternic, dar când l-am întâlnit după eliberare, era un om distrus. A fost trist pentru mine să-l văd așa, mai ales că eforturile lui m-au ajutat să intru în UCF pentru magistratură în 1997. Fără sponsorizarea lui nu ar fi fost posibil să intru la studii la programa de Magistrat în Economie la UCF (University of Central Florida).

Când eram în al treilea an la facultatea de drept la Universitate de Stat din Moldova, am avut un vis viu că universitatea a introdus matematica avansată în programul facultății de drept. M-am trezit în panică și le-am spus imediat colegilor de cameră, celor doi Igori, Tofan și Andries, despre asta; toți am râs. Ei bine, acel coșmar la matematică s-a terminat când mi- am obținut Diploma de magistrat în economie aplicată. În timpul studiilor, trebuia să mă ocup de derivate, curba Phillips și statistici la un nivel pe care nu l-am experimentat înainte, ceea ce mi-a testat la maxim abilitățile. Prima oră de statistică pe care am luat-o a fost la clasa profesorului Soskin, ale cărui lecții m-am chinuit să le înțeleg datorită stilului său de predare. Nu puteam să înțeleg nimic din ce spunea la clasă, așa că am decis să acord mai multă atenție manualului, dar… manualul a fost scris de același profesor Soskin! Citindu-l, îi auzeam vocea și nu înțelegeam absolut nimic.

Nu am avut niciodată această problemă la alte clase, deoarece aveam o memorie fenomenală și, practic, îmi aminteam manuale întregi după ce le citeam de doar câteva ori. Cu profesorul Soskin și statistica nu puteam folosi strategia mea normală de a absorbi cât mai multe informații și apoi de a le aplica mai târziu. Primul din trei examene totale pentru semestru, am picat cu D (nota minimă, mai jos de 70%). Eram într-o panică totală. Acesta a fost un program de master: nu cred că ai putea obține un C (>70%>80%) la oricare dintre clase, iar menținerea unei medii minime B (note mai sus de 80%) era o necesitate pentru a continua în program.

Simțind presiunea, m-am dus să-l văd pe profesorul la oficiul lui Soskin și i-am cerut ajutorul, spunându-i sincer că am o problemă cu cursul lui și am nevoie de careva indicații. Sfatul lui pentru mine nu a fost de ajutor, sincer vorbind, mi-a spus că masterul în economie aplicată este un program foarte provocator și că ar putea fi peste nivelul meu intelectual de urmat. După ce am absolvit facultatea de drept printre primii în promoția mea cu media de 9.46 și vorbind liber patru limbi, nu mai fusesem insultat de cineva atât de dur de pe când eram un copil în clasele primare. Ultimul pe care îl țin minte că mi- a insultat inteligența a fost Adrian Babii, colegul meu de clasă. Eram în clasa a II-a, anul 1979, numai ce a apărut proaspăt pe ecrane filmul sovietic "D,Artanian și cei trei mușchetari" și ,firește, toți copiii în jocurile lor deveneau mușchetari. Cel mai dur era D,Artanian, clar ca a mers rolul lui Artur Scripnic, cel mai simpatic și popular tip din clasă, Partos a fost luat de Adrian Babii, fiidcă complecția lui de pe atunci cerea anume acest rol, eu cerusem să fiu Atos… Raspunsul lui Adrian a fost foarte diplomatic, că nu este rolul cel mai potrivit pentru mine, așa cum Atos era cel care elabora toate planurile, intrigile… Chiar și la 8 ani întelesesem că Adrian cu cuvinte blânde îmi da de înțeles că nu sunt destul de deștept de așa rol… Cel mai mult mă frapează ca eu până acum țin minte așa detalii…

… I-am mulțumit profesorului Soskin pentru timpul acordat și am plecat fără să știu ce să fac în continuare sau cum mă voi descurca la următoarele două examene rămase.

Așa cum se face întotdeauna, universul mi- a oferit soluția într-un moment critic: m-am împrietenit cu un student turc din aceeași clasă, Husein Turhanguil. Aveam interese comune, jucam fotbal împreuna în timpul săptămânii și duminicile dimineața. El era fiul unui politician foarte important care era șeful unei fracțiuni din parlamentul turc, care tocmai a destituit-o cu succes pe premierul Turciei, Tansu Cillerr, cu un an înainte de termen. Acest lucru nu avea nici o legătură cu statistica, dar faptul că Husein a absolvit cea mai prestigioasă universitate de matematică din Turcia, era important. Husein m- a ajutat să studiez; explicațiile lui au fost atât de simple, încât totul a început să aibă sens pentru mine și, într-adevăr, am trecut următoarele două examene ușor cu A (90% si mai mult).

La ultimul examen, după reușita la al doilea examen, Soskin s-a așezat lângă mine, aproape de parcă ar fi crezut că trebuie să trișez ca să-mi salvez notele. Ei bine, la aproximativ 15 minute de la începutul examenului, eu am fost singurul care am depistat o eroare într-una dintre întrebările sale cu răspunsuri multiple, deoarece conținea două răspunsuri corecte și nu unul dupa cum cereau condițiile problemei. În timp ce stătea lângă mine, mi-a fost ușor să subliniez eroarea. După ce m-a ascultat, s-a dus la tablă și fără să scoată un cuvânt a cerut atenția clasei. Le-a spus să ignore această problemă specială, deoarece avea un răspuns eronat. Nu s-a întors să stea lângă mine după aceasta... Școala a fost un vârtej de provocări și succese. Este incredibil să privești în urma acum.

Viața mea se schimbase atât de repede în doar câțiva ani, de când am trecut de la lucru în atelierul de mecanică și la studiile de drept la studiile pentru magistratul în economia aplicată în Universitate Floridei Centrale! Dar cea mai mare schimbare a venit atunci când Jazmina și cu mine ne-am căsătorit pe 21 decembrie 1996 în țara ei natală, Ecuador (mulțumită sprijinului financiar din partea părinților mei). În calitate de cadou de nuntă, părinții mei ne-au dat 3.000 de dolari, o sumă exorbitantă de bani în acele vremuri, iar socrul meu ne-a permis să locuim în casa lui de vacanță din Orlando în timp ce eu studiam la UCF. Practic nimeni nu folosea piscina comunității de la casa de vacanță, așa că am putut să studiez pentru cursurile mele, stând la soare lângă piscină. A fost mai mult decât aș fi putut spera vreodată. Oricât de incredibilă a fost viața în Statele Unite, nu a fost doar farmec și lumini, cum părea de la început, în vara anului 1994.

În perioada studiilor la UCF, lucram la un McDonald's local de la 5:00 la 15:00 pentru 4,75 USD pe ora, dupa lucru mergeam la Universitate de la 18:00 la 21:00. Aveam reduceri la mâncare, dar nu îmi puteam permite să irosesc puținul salariu pe care l-am primit, așa că, în schimb, puneam burrito-uri la micul dejun în buzunar și mă ascundeam în congelator (unicul loc fara camere de supraveghere) ca să-mi mănânc departe de privirile indiscrete ale managerilor și camerelor de securitate. Banii pe care îi aveam au fost cheltuiți pentru toate cele necesare pentru a trăi în Florida și plata pentru studii la Universitate.

Pentru a economisi și mai mult am cumpărat un Audi 4000 de la un fost prieten al surorii mele cu 1.500 de dolari, dar ar fi trebuit să-mi dau seama că am fost mințit, deoarece doar trei uși și o fereastră se deschideau. La fiecare cabină de taxare de drum, eram nevoit să deschid ușa, pentru că geamul șoferului nu se cobora. Chiar și ani mai târziu, când treceam pe langa cabinele de taxare de drumuri cu alte mașini unde totul funcționa perfect, înca mult timp tot mă trezeam deschizând complet ușa pentru a arunca monede.

Imi amintesc foarte clar momentul dupa ce în ianuarie 1997 plătisem pentru învățătură, rechizite școlare, mașină, asigurarea și inregistrarea la masină și am ramas cu 100$. Oricât de stresant era asta, eram mândru de mine pentru cât de departe am ajuns și m-am simțit atât de norocos că am găsit-o pe Jazmina. Cu studiile și experiența mea, eram gata să intru într-o lume a afacerilor în America; dar pur și simplu nu aveam idee ce fel de muncă voi practica în continuare.

CAPITOLUL 3
Camera Cazanelor
(Boiler Room)

De când am părăsit Moldova, am simțit că lumea se deschide și se extinde, de la explorarea Floridei până la vizitarea Ecuadorului cu Jazmina. Pentru a continua să trăiesc în Statele Unite, m-am confruntat cu lupta de a încerca să găsesc o viză H-1B, ceea ce însemna să primesc un loc de muncă care să mă poată sponsoriza până când voi putea obține Cartea Verde, reședința permanentă în Statele Unite. Aveam o perioadă limitată de timp la Universitatea din Florida Centrală ca student și trebuia să găsesc de lucru după școală. Din fericire, am reușit să obțin puțin ajutorul prietenilor mei.

Octavian Chiriac a fost în grupul inițial de moldoveni care au venit la UCF în august 1994 și a fost și primul meu coleg de cameră în timpul programului de schimb. In Mai 1995 eu am plecat să susțin examenele de absolvire și să apăr diploma pentru a ermina facultatea de drept în Moldova. Octavian a rămas la UCF pentru a obține o Diplomă de magistru în administrarea afacerilor, așa că până când am absolvit eu cu magistrat în economia aplicată, el ieșise în lume, lucrând în New York City. El știa de lupta mea de a găsi un loc de muncă care să-mi sponsorizeze viza și a făcut tot posibilul să mă ajute.

Când îmi terminam diploma în economie aplicată, Octavian a putut să-mi facă rost de o ofertă de muncă pentru o firmă din Manhattan cu un salariu anual de 90.000 de dolari. La acea vreme lucram la un loc de muncă cu 10 USD pe oră, iar cele mai multe locuri de muncă de nivel de intrare în afara școlii aveau un salariu de început mai apropiat de 36.000 USD, chiar dacă aveai o diplomă de master. Emoționat de perspectiva de a lucra pentru un fond speculativ în New York, am zburat spre nord, spre oraș, pentru a mă întâlni cu compania, doar pentru a fi întâmpinat de vremea din noiembrie din New York. Ploua constant și mi- a adus aminte de timpul din Moldova, pe care îl detestam, mai ales după ce am locuit în Florida luminoasă și însorită.

L-am întrebat pe Octavian dacă acest job este o afacere bună: dacă merită banii? M-a avertizat că va trebui să trăiesc ca el, ceea ce însemna să iau trenul în oraș în fiecare zi. Nu își permitea să locuiască în Manhattan, așa că locuia în Connecticut, luând trenul câte o oră în fiecare sens, pe lângă faptul că își făcea timp pentru a parca și făcea navetă totală de trei ore în fiecare zi. Știam că nu pot trăi așa. La acea vreme îmi petreceam zilele terminând munca până la orele 15 sau 16 și apoi relaxându-mă la piscină și nu voiam să schimb acest stil de viață cu unul de navetă stresantă și ierni reci, indiferent cât de buni erau banii.

Am decis să-mi asum șansele găsindu-mi singur următorul loc de muncă, dar acest lucru a fost mai greu decât credeam că va fi. Am trecut de la interviu la interviu, gata să fac pasul într-o nouă poziție, dar de îndată ce spuneam că am nevoie de un sponsor pentru viza mea H-1B, tonul interviurilor se schimba. Observam că fețele membrilor întâlnirilor se schimbă și ei ar spune imediat că sunt „supracalificat" pentru acea funcție. Aveam doar un an dupa primirea ofertei de angajare în campul muncii dupa absolvirea facultații, iar dupa aceasta îmi expira autorizarea de angajare.

În cele din urmă, Octavian a venit din nou in ajutor la mine și de data aceasta, mi-a spus de o oportunitate: de a colabora cu o companie specializată în marketing financiar în Florida. Faptul că lucrul se afla la 15 minute de domiciliu a fost decisiv, dar mai important a fost că noii șefi erau dispuși să-mi sponsorizeze viza. În 1999 am fost la interviu din Altamonte Springs. Habar n-aveam ce face această companie sau ce se întâmplă, dar m-am așezat cu un bărbat și o femeie, ambii din Puerto Rico, care erau incredibil de drăguți și politcoși cu mine. M-au angajat ca analist și, ca să fiu sincer, încă nu aveam idee clară despre activitatea acestei companii, chiar și atunci când s-a terminat interviul. Știam doar că viza mea a fost sponsorizată și că am un loc de muncă.

Privind în urmă, mi-aș fi dorit să știu ce este un" boiler room", dar experiența generală de la acea companie a fost incredibil de formatoare pentru sensibilitățile și ideile mele de afaceri.

Odată cu boom-ul internetului, au existat atât de multe companii care au ajuns pe piață la 10, la 15 dolari pe acțiune, dar acțiunile cu care lucram nu aveau rapoarte financiare curente care să le justifice valoarea. Treaba mea era să analizez aceste companii pentru brokerii la care vindeau acțiuni la telefon. Pe hârtie s-a dezvoltat o tehnologie incredibilă, dar s-a dovedit că totul a fost fraudulos: totul a fost o minciună.

Analizam o companie medicală care pretindea că are o mulțime de tehnologii noi și cinci camioane pentru a presta servicii în toată țara, toate în același timp generând venituri mari. Când am vorbit cu unul dintre brokeri, mi-a spus că această companie nu avea nimic – nici măcar nu aveau un camion, darămite cinci. S-a spus că o altă companie a dezvoltat un nou material care era impenetrabil la foc și radiații. Aceste acțiuni se tranzacționau la 2 USD și 3 USD, fără să urce niciodată mai sus, deoarece așa cum mi-a spus un alt broker "dacă o acțiune are un preț de 2 USD, atunci merită să fie un preț de 2 USD". Mi se pare amuzant că până astăzi îmi amintesc și acum companiile și simbolurile lor: BLTD, FFCI, LIFR, KRHL...

In perioada ceea, companiile nu au fost supuse depunerilor periodice, așa că ai putea tranzacționa pe OTC Bulletin Board și ai putea avea o cotație pentru creatorii de piață activi, Market Makers; în plus, situația financiară a companiei nu necesita să fie auditată și rapoartele prezentate trimestrial și anual cum a început să se facă începând cu anul 2000. Ai putea spune orice vrei, așa că a fost foarte greu să înțelegi ce era real și ce nu. Am început să analizez aceste companii și să determin ce era real, dar aveam obligația să reprezint companiile - clienți care ne plăteau să le reprezentăm.

Unul dintre brokeri, Barry Printz, a investit 50.000 de dolari în ceea ce avea să devină o companie total eșuata, cumpărând cu 9 dolari pe acțiune și mai mult, la recomandarea mea. L-am avertizat să vândă cu 3 dolari acțiunile, dar a decis să o păstreze până la sfârșit. În cele din urmă, a pierdut până și ultimul cent pe care l-a investit cu mine. A trebuit să-și vândă casa și să se mute într-un apartament, iar viața s-a prăbușit în jurul lui. M-am simțit oribil de vinovat și am încercat să fac tot ce am putut pentru a-l ajuta, dar în cele din urmă, nu a contat. Nu a fost singurul căruia i s-a întâmplat asta; erau atât de mulți alții…In fine, ce mă frapa mai mult, colegii mei și sefii de la acea companie, care întelegeau foarte bine ce clasă de business duc și nu aveau absolut nici o emoție de la aceasta.

Unul după altul, proiectele noastre au început să se plieze, iar în sfârșit am înțeles jocul cazanelor. A devenit din ce în ce mai greu să prezint poveștile din spatele acestor companii false în timp ce citim din analize de piață false, așa că vânzările mele au început inevitabil să scadă. Abia făceam reducerea la sfârșitul fiecărei luni, dar a trebuit să rămân la locul de muncă pentru ca ei să-mi sponsorizeze viza. Investitorii înșelați îmi rodeau conștiinta, dar, la rândul său, acest fapt a declanșat o revelație pentru mine: dacă eram capabil a face ca investitorii să se intereseze de aceste companii false, de ce nu aș putea face același lucru cu companiile reale?

Am intuit potențialul de a scoate pe piață hartiile de valoare publică, companii reale și de a fi transparent cu ele în ceea ce privește întregul proces. În acel timp eram încă prea tânăr și fără experiență, așa că nu aveam nicio idee reală care este întregul proces, dar știam că nu vreau să fiu ca acești escroci cu care lucram.

Un prieten de-al meu, un alt broker, mi-a oferit un post la compania de investitii First Union Securities. Au fost dispuși să-mi sponsorizeze viza de muncă dupa ce treceam testele pentru o licență din Seria 7. Din fericire, am fost concediat din Camera de Cazan și am început imediat să studiez pentru testele mele din Seria 7 pentru a deveni broker financiar. Mi s-a părut o oportunitate reală de a schimba lucrurile, așa că m - am decis să mă grăbesc să trec testele. Pentru a putea să mă hrănesc, m-am angajat la Papa John's, livrând pizza de la 17:00 până seara târziu, patru zile pe săptămână și câștigând cam la fel de mulți bani ca și analist la locul de munca precedent.

În fiecare dimineață, studiam copii vechi Xerox ale unei cărți din seria 7, pentru că nu puteam procura o carte de studiu scumpă. În cele din urmă, a dat roade: am reușit să promovez examenele cu 80% și să încep să lucrez cu First Union Securities.

La First Union Securities am fost înconjurat de brokeri de profil foarte înalt, care aveau clienți serioși ce investeau sume mari de bani. Observam cum cumpără acțiuni și apoi le vindeau fără să urmărescă nici rapoartele financiare, nici știința analitică din spatele tranzacției. Curând mi-am dat seama că situația nu se deosebea mult de cea de la camera cazanelor; chiar dacă piața se înrăutățea și toată lumea pierdea bani, tot trebuia să dai acele apeluri la rece (cold calling) și să pui clienții în situații dubioase.

Din nou m-am simțit în capcană și nu-mi plăcea lucrul, dar era unica oportunitate pe care o aveam în acel moment, lucrând în anturajul acestor oameni, care aveau două fețe în relațiile lor de afaceri. Nu știam că eram îndeaproape de un escroc în propriile mele afaceri.

CAPITOLUL 4:
Vadim și Asconi

Când l-am întâlnit prima data pe Vadim Enikeev, fusese înainte de a lucra la cazan, am fost prezentat de un prieten la o întâlnire a expatriaților ruși și să spun că nu am fost impresionat de el ar fi fost un eufemism. Vadim se prezenta ca un multimilionar cu un doctorat de la Universitatea Columbia, conducea cel mai recent Jaguar la acea vreme și purta un Rolex Prezidențial de cel putin 30.000 de dolari, în timp ce eu abia aveam să termin programul de Magistrat, cu grija cea mai mare să-mi găsesc de lucru și să-mi păstrez viza. A fost o scurtă întâlnire, dar imaginea lui în mintea mea a fost fixată; era de vârsta mea, dar a realizat atât de multe într-un timp atât de scurt!

L - am revăzut pe Vadim dupa ce am început să lucrez în calitate de consultant financiar la First Union Securities, unde Vadim a deschis un cont de investiții cu mine, punând 10.000 de dolari. În timp ce îi gestionam banii, m-am bucurat de compania lui, deoarece era un tip simpatic și foarte interesant, vorbind în mod constant despre oferte de milioane de dolari sau despre nenumăratele legături pe care le avea cu oameni de afaceri de succes. Ne-am împrietenit încetul cu încetul, era aproape inevitabil, deoarece avea o asemenea aură în jurul lui, încât nu puteai să nu fii atras de farmecul său.

Pe măsură ce ne-am apropiat, a început să aducă clienți în First Union Securities pentru a deschide conturi și a devenit mai eficient să lucrăm împreună. În cele din urmă, i-am spus despre visul de a aduce companiile private pe piața financiară publică.

Vadim a fost incântat de ideea mea și m-a susținut în aceasta, dorind să se asocieze cu mine la aceste oferte.

În cele din urmă, a durat ceva timp, dar am înțeles: oamenii care sunt sinceri nu vorbesc despre onestitatea lor, oamenii care sunt loiali nu se laudă cu cât de loiali pot fi, oamenii care sunt cu adevarat bogati, nu vorbesc de ce bani au. Escrocii o fac. Lucrând cu Vadim, semnele au fost prezente tot timpul, dar eram prea tânăr și prea proaspăt ca să le văd așa cum erau: afacerile unui escroc. Prima dată când am fost suspicios a fost când a adus un client din Rusia, o personalitate importantă din Administrația Președintelui Federației Ruse. Ea îl cunoștea personal pe Vladimir Putin și sosise la Orlando pentru a se întâlni cu mine pentru deschiderea unui cont de investiții cu First Union Securities. Înainte de a ajunge la birou în dimineața când doamna trebuia să se prezinte pentru a-si deschide contul, am primit un apel de la Vadim care a fost în același timp confuz și incredibil de obraznic. M- a informat că i-a spus acestei femei din Rusia că el este proprietar al biroului First Union Securities și să am grijă sa-i confirm aceasta, dacă mă va întreba. Eram confuz și l-am rugat imediat să repete ceea ce spusese la telefon, iar el și-a repetat minciuna, în cele din urmă a închis receptorul.

Ar fi fost corect să anulez întâlnirea, dar nu aveam idee ce trebuia sa făc în acel moment. Nu exista un singur proprietar al First Union Securities, deoarece era o companie de miliarde de dolari cu o sumedenie de acționari, iar Vadim nu a avut nici un rol oficial în companie și nici nu avea de unde să-l aiba. Nu l-am putut contrazice pe Vadim, altfel l-aș fi tradat și aș pune în pericol afacerea. Când rusoaica m-a întrebat dacă Vadim era de fapt proprietarul companiei, i-am minimalizat imediat rolul, spunând că era „coproprietar al biroului" și am lăsat-o așa. Această mișcare a lui, forțându-mă să merg cu minciunile lui de ultimă oră menite să impresioneze, a devenit familiară pe măsură ce am continuat să lucrez cu el.

Unii dintre primii mei clienți ca broker Seria 7 au fost partenerii, Anatol Sîrbu și Constantin Jitaru, de la Crama Asconi din Moldova, care mi-au fost recomandați de cumnatul meu de atunci. Vadim și cu mine eram interesați să facem publică compania Asconi și am început să-i curtăm. Eram încă incredibil de lipsit de experiență la acea vreme și nu aveam nici o idee cum să scot o companie pe piața publică financiară așa că instinctiv l-am lăsat pe Vadim să se ocupe de majoritatea negocierilor. El este, până astăzi, cel mai bun și talentat agent de vânzări pe care l-am întâlnit vreodată; îi avea pe toți la cheremul lui. Le-a vorbit cu atâta încredere și convingere acestor oameni de afaceri care erau mai în vârstă cu mult decât noi doi, discutând cu ei de parcă ar fi deja stăpân pe Asconi.

Vadim avea un farmec și o carismă pe care nu le puteai nega, te făcea să te simți ca un prieten apropiat, dar a existat întotdeauna un aer de mister în privința lui.

La un moment dat, fiind cu o vizita de lucru in Moldova, trebuia să obținem urgent o viză pentru ca un american să intre în Rusia pentru o călătorie de afaceri. L-am văzut cum Vadim a intrat în ambasada Rusiei cu americanul, afișându-și identificarea „consilierului președintelui Federației Ruse" și, în jumătate de oră, au ieșit cu o viză. Întotdeauna își atingea scopul.

Am avut de ales cu privire la oferta publică inițială din o sumedenie de bancheri de investiții, pritre care unul era un bărbat pe nume Thomas Tedrow, pentru care aveam să lucrez mai târziu. Vadim mi-a spus să trec pe "bancheta" din spate în timpul negocierilor pentru că eu, fiind încă broker din Seria 7 la acea vreme, potențial puteam crea un conflict de interese. După întelegerea verbală pe care o aveam, trebuia să împărțim apoi totul în jumătate, așa cum am discutat, dar nu mă simțeam deloc confortabil cu acest acord. Nu eram sigur dacă avea cunoștințele necesare pentru a încheia o astfel de afacere, mai ales când încă considera că era necesar să mintă în timpul negocierilor noastre cu Asconi, spunând că este proprietarul hotelului Delano din Miami, pe când eram eu cu Constantin și Anatol în drum spre Miami și făcusem reservări la Hotelul shick Delano din Miami South Beach. Totuși împotriva intuiției mele, am fost de acord să-l las să preia controlul asupra situației.

În timp ce mă pregăteam să plec într-o călătorie prin Moldova cu unul dintre potențialii bancheri de investiții, am primit un telefon îngrijorător de la Vadim. Avocații mergeau deja înainte cu o ofertă simplă de înregistrare pe Asconi, dar Vadim mi-a spus că zbura în Texas pentru că Thomas Tedrow, consultantul nostru, găsise un instrument de tranzacționare bun pentru tranzacție, un Shell (companie înregistrată deja și plasată pe piața hârtiilor de valoare, care urma să acapareze compania Asconi pentru a se plasa imediat pe piața hartiilor de valoare).

Acesta a fost un semn prost pentru mine și i-am spus că mi s-a părut o mare greșeală. L-am întrebat: „Ce știi despre Shell?" Nu știa câte acțiuni vor fi disponibile sau ce se află în Shell (Shell este termin slang pentru compania care este cotată pe piața hartiilor de valoare, dar nu are valoare adevarată și nici activitate, statutul este temporar până la consumarea unei tranzacții de cumpărare a altei companii) câte datorii avea, ce pasive avea, etc. Nu a fost făcut nici un studiu de diligență și el urma să semneze oricum înțelegerea. A început să strige că el este cel care se ocupă și că o va face, indiferent de poziția mea. Am sunat imediat pe cumnatul meu, care mi-a recomandat Asconi ca client și l-am avertizat despre ce se întâmplă, dar mi-a spus să nu fac mult zgomot în jurul acestei tranzacții, spunând: „Să vedem ce se întâmplă".

Am vrut să-i avertizez pe proprietarii companiei Anatol și Constantin Asconi, dar ei deja semnaseră procura generală care împuternicea pe Vadim, așa că nu puteam face nimic. Vadim a fost deștept să-mi ceară să-l prezint drept „tipul- cheie", iar în acel moment critic, eu nu aveam nicio importanță – valoarea mea era zero, părerea mea nu mai conta. El fusese fața întregii operațiuni, lucrând îndeaproape cu toți jucătorii implicați, chiar dacă din punct de vedere tehnic erau clienții mei încă de la început. Am fost prins într-o mizerie creată de mine, rugându-mă să fiu eliberat, dar acea eliberare nu avea să vină în curând.

Am aranjat nenumărate întâlniri cu Vadim și cu mine în calitate de promotori corporativi, inclusiv cu președintele Republicii Moldova, președintele Voronin de atunci. Mai am o poză în biroul meu de acasă cu Enikeev, Tedrow și eu cu președintele, răspândind vestea despre Asconi. Întâlnirea cu președintele Republicii Moldova a făcut parte dintr-o călătorie de diligence pe care am început-o după ce Vadim a semnat corporația Asconi în compania-figură (Shell) pe care i-a propus--o Tedrow.

Primul sunet de clopot la deschiderea pietii American Stock Exchange ca
representant al companiei Asconi, 4 Noiembrie, 2003. Asconi a fost prima
compania moldoveneasca care a fost listata cu success pe una din cela mai
importante piete financiare din lume. Eu am fost primul moldovean
caruia i s-a oferit aceasta onoare.

În tot acest timp, acțiunile au continuat o tendință ascendentă, tranzacționându-se în jurul valorii de 7 și 9 dolari, o sumedenie de acțiuni au inundat piața la mai puțin de o lună de la fuziunea inversă (reverse Merger). Vadim și cu mine primisem partea noastră de acțiuni, o cantitate mare de acțiuni restricționate care nu puteau fi tranzacționate timp de cel puțin un an de la emitere. Abia când m-am intors din Moldova la birourile First Union Securities din Orlando și am căutat toate rapoartele SEC (Comisia pe Hartiile de Valoare) privind tranzacția cu Asconi, mi-am dat seama ce s-a întâmplat.

Vadim semnase tot ce doriseră bancherii fără să înțeleagă pe deplin ce semnase. Compania Shell, implicată în fuziunea inversă, se numea Grand Slam Treasures și era angajată în găsirea de comori în oceanele lumii. Dacă sună ca o escrocherie, e din cauza că de fapt asta a fost.

Conform înțelegerii, clienții noștri din Asconi trebuiau să mențină o majoritate a companiei, în jur de 80%, dar când am analizat cifrele, Asconi a rămas doar cu aproximativ 30%. Vadim a emis 1,6 milioane de acțiuni S-8 între cele patru părți ale bancherilor și consultanților, în timp ce clienții Asconi, Vadim și eu nu am primit niciuna. Aceste acțiuni S-8 puteau fi tranzacționate de îndată ce vor dori bancherii, așa că au început imediat să inundeze piața cu aceste acțiuni, câștigând milioane de dolari în câteva luni de la încheierea tranzacției. Anatol și Constantin, care își petrecusără viața construind crama, ramasesra actionari minoritari în compania lor, iar eu eram parțial de vină.

Sentimentul de trădare pe care l-am simțit a fost copleșitor, deoarece nu puteam avea încredere în nimeni în acel moment, în afară de clienții mei de la Asconi. Bancherii de investiții ne-au indus în eroare de la început, în timp ce Vadim mă mințea la fiecare pas. I-am sunat pe Anatol și Constantin să le explic ce s-a întâmplat, spunându-le să vină imediat în Statele Unite. M-am oferit să iau un avocat pentru ei, simțind o responsabilitate pentru a îndrepta lucrurile și chiar am plătit suma de 15.000 de dolari care a cerut-o avocatul pentru a iniția procedura de litigare. Constantin a fost singurul care a venit în SUA în acel timp, iar eu am fost gata să ajut descurcând Nodul Gordian pe care l-am creat din neatenție și mai mult din lipsa de experiență. După ce ne-am întâlnit cu avocații, am avut o cale puțin mai clară de ce urma de făcut. Asconi mi-au spus că ar trebui să lucrez pentru ei, dar va trebui să dau înapoi toate acțiunile mele inițiale. Lucrurile erau complicate, pentru că încă nu aveam carte verde și trebuia să fiu sponsorizat de companie pentru viza mea de lucru H-1B. Puteam fi concediat în orice moment și să-mi ia totul în orice clipă, de aceea am considerat că este o afacere proastă. Am refuzat să dau inapoi acțiunile mele și să lucrez pentru Asconi. Aproximativ o săptămână mai târziu, după ce Constantin s-a întors în Moldova, am primit chemare în judecată de la proprietarii Asconi, numindu-mă împreună cu Vadim și bancherii de investiții în litigiul inceput. A fost una dintre cele mai stresante experiențe pe care le-am avut vreodată în afaceri. Am lovit cu pumnul în peretele din bucătăria casei de vacanță a socrului meu atât de tare, încât pumnul meu a trecut complet pe partea cealaltă, trântind telefonul din bucătărie de pe perete. Eram dat în judecată pentru o suma enorma de bani și mi s - a încriminat totul…

Eu am fost cel care l-a prezentat pe Vadim lui Asconi și am dat startul întregului proces, așa că tot de ce el și bancherii au fost acuzați - conspirație pentru a comite fraudă, conspirație pentru a-i deposeda de bunuri, încălcarea obligațiilor fiduciare m-au acuzat în toată murdăria aceasta și pe mine. Nu aveam bunuri sau resurse pentru a gestiona acest proces și abia după ce am primit ajutor de la unul din bancherii de investiții acuzați, Thomas Tedrow, am avut o șansă de luptă (deși ajutorul lui a venit cu un preț mare).

Vadim fusese demascat pentru toate minciunile sale, inclusiv pentru faptul că nu avea un doctorat la Universitatea Columbia, printre altele, așa că a trebuit să se ocupe și de proces cu resurse limitate. În loc să se confrunte cu procesul, el a fugit și s-a înrolat în armata SUA. Doar câteva luni mai târziu, 11 septembrie a zguduit lumea și a fost trimis în Irak.

Vadim a fost singurul care nici măcar nu a încercat să se apere, așa că la scurt timp după începerea procesului, Vadim a primit o decizie de judecată în lipsă sa împotriva lui pentru întreaga sumă de 12 milioane de dolari. În cele din urmă, am ajuns să-l ajut să se stabilească cu Asconi și să anuleze decizia de judecată împotriva lui. În acel moment era încă în armată, așa că am avut de-a face cu fosta lui soție în timpul acestui proces.

După aceea n-am vorbit cu Vadim până în 2007, când am avut un vis incredibil de viu despre el și m-a sunat doar câteva zile mai târziu. Ne-am întâlnit în cele din urmă și ne-am reaprins prietenia pentru o perioadă, ajungând chiar până a înființa o echipă de fotbal împreună în Florida Centrală, câștigând mai multe cupe și campionate.

Se oferea să lucreze cu mine, mi-a propus de mai multe ori, eu am refuzat categoric; in schimb, i-am recomandat avocați și contabili să-l ajute cu cel mai recent proiect al său. Vadim, fiind Vadim, nu putea să stea mult timp departe de necazuri. Proiectul său a fost o companie rusească pe care a scos-o pe piața hârtiilor de valoare, iar dupa ce au fost plasate actiunile pe piață, a cedat isptei. Trebuie să aștepți cel puțin un an dupa plasarea proiectului pe piață înainte de a putea face bani din acțiuni, dar nu pentru Vadim.

Aveam birouri vecine la un centru corporativ înainte ca el să se mute. La momentul respectiv, nu știam unde e, dar din greșeală poșta a trimis o factură destinată lui la biroul meu. A fost prima plată a lui Aston Martin de peste 4.000 de dolari. L-am putut urmări pe Vadim prin contactele mele și am fost să-l văd personal. Ce pot să spun? Am fost intrigat.

Suspiciunile mele au fost pe deplin justificate după ce i-am văzut noul birou. Doar el și banca ocupau primul etaj magnific, imens, al clădirii zgârie-nori First Union Building. Am văzut o mulțime de tineri studenți lucrând acolo, doar pentru a afla mai tarziu, că Vadim îi angaja pentru perioade de probă de trei luni, fără plată. După ce - și ispășeau timpul, el îi va concedia și îi va angaja pe alții. Am aflat că chiria pentru birou era astronomică, iar clientii săi ruși îi plăteau cheltuielile de birou. Mi-am dat seama că Vadim își vinde acțiunile pentru câștiguri personale, pentru a menține prețul și volumul pe piață și am sunat imediat tuturor celor contactele cărora reprezentasem. I-am avertizat că proiectul lui Vadim avea doar să dureze de la trei până la șase luni înainte de a se prăbuși rau și, desigur, după două luni s-a prăbușit până la bănuți. După vara lui 2009, Vadim a dispărut și nu am auzit nicio veste despre el până în 2014.

În cele din urmă, crimele lui Vadim l-au ajuns din urmă în Rusia. Am aflat că a fost arestat pentru că a tipărit certificate contrafăcute și le-a vândut ca acțiuni la o companie americană care plănuia un IPO (Initial Public Offering). Plasarea inițiala pe piețele financiare din SUA a cauzat fraudarea a peste 50 de milioane de dolari de la investitorii ruși. El și complicii lui trăiau bine din banii investitorilor, cumpărând mașini și motociclete exotice și chiar expunând unele dintre ele în birourile lor. FSB-ul rus i-a capturat pe toți conspiratorii săi în 2014 și a fost condamnat eventual la nouă ani de închisoare.

Dacă l-aș reîntâlni pe Vadim, aș vorbi în continuare cu el și, probabil, m-aș bucura de conversația noastră, chiar și după perioada petrecută în închisoarea rusă. O mare parte din propriul meu succes le datorez lucrului cu el, pentru că m - a aruncat în cel mai adânc loc din oceanul afacerilor. Am câștigat încredere în propriile mele puteri și abilități, pentru că am fost împins la o limită la care nu mă așteptam niciodată să ajung. Dacă nu ar fi fost el, probabil, că aș fi încă un consilier financiar modest, cu un loc de muncă decent plătit, fără a face nimic, demn de remarcat sau interesant. Lucrul cu Vadim a fost doar vârful aisbergului, deoarece a dat startul unuia dintre cele mai extraordinare jocuri de șah din viața mea împotriva lui Thomas Tedrow.

CAPITOLUL 5:
Thomas și Procesul de Judecată Asconi

Ar fi fost foarte greu să-l urăști pe Thomas Tedrow. Chiar dacă știam că fusese implicat în niște afaceri dubioase și că era parțial vinovat pentru procesul Asconi, avea un farmec incontestabil – era întotdeauna incredibil de drăguț și politicos și îmi amintesc de el cu drag.

Thomas era genul de tip care era într-o trupă rock când era mai tânăr și îi era ușor să se prezinte cool și simpatic. Pe lângă faptul că era bancher de investiții, el a scris și o serie de cărți pentru copii și adaptări la scenarii de filme. Avea o soție frumoasă, copii frumoși și o casă incredibilă. Era scopul visului. La momentul în care l-am cunoscut, avea cam aceeași vârstă pe care o am eu acum. Dacă aș fi avut vreun model de aspirație în acel moment, acela ar fi Thomas, fără îndoială.

Când vorbea cu tine, te simțeai văzut și auzit, așa că nu pot decât să –mi reproșez că am fost indus în eroare cu înțelegerea cu Asconi. Mergi doar atât cât te conduce cineva. Chiar și în strângerea de mână, Thomas era deosebit: își folosea întotdeauna mâna stângă pentru a acoperi mâna dreaptă a persoanei cu care s-a întâlnit astfel o strângere de mână te făcea să te simți și mai apreciat. Și cu adevărat așa era.

Din păcate, am fost condus direct într-un proces de 12 milioane de dolari cu Asconi, care credeau că am trădat conducerea companiei în timpul cel mai nepotrivit, când trebuiau să devină prima companie din Moldova care să-și plaseze acțiunile pe cea mai mare piața financiara din lume.

Înainte de proces, în timp ce înțelegerea era încă bună, Thomas îmi oferise un loc de muncă la firma lui și am fost reticent să o accept, deoarece căutam să obțin un post la Asconi. Am renunțat la First Union Securities cu câteva săptămâni înainte și nu doream să mă întorc acolo. Când am fost loviți cu toții de procesul de judecată, eram într-o situație îngrozitoare: nu aveam loc de muncă, aveam o viză în așteptare care era pe cale să expire și nu aveam bani. M-am dus la Thomas să văd dacă mai pot lucra pentru el și el m-a acceptat, fie pentru că îi plăcea munca mea sau mai degrabă pentru că a vrut să mă țină din strâns în timpul procesului Asconi.

Am lucrat în calitate de consultant pentru Thomas, aducând noi oferte la firma lui, dar acest lucru a fost extrem de stresant, deoarece mă bazam pe el pentru viza mea de muncă. Eram reticent cu fiecare afacere pe care o aduceam și nu puteam   să scap de sentimentul de anxietate, știind foarte bine cum a profitat Thomas de Asconi. El se număra printre cei patru bancheri de investiții care și-au emis 1,6 milioane de acțiuni la Asconi înainte de a inunda piața cu ele. Știam că va fi doar o chestiune de timp până când Thomas va încerca să mă folosească pentru proces într-un fel sau altul.

Nu aveam propriul meu avocat când Asconi ne-a dat în judecată, dar Thomas a putut să-mi ofere unul, plătind chiar și depozitul inițial pentru mine, deoarece nu aveam bani. Avocata a scris cererea de demitere, dar mi-am dat seama în curând că nu era o avocată foarte bună sau cel puțin nu foarte interesată în cazul meu. Situația mea financiară a devenit mai sumbră, deoarece trebuia acum să plătesc pentru un nou avocat, dar nu aveam resurse.

În această perioadă incredibil de grea pentru mine, am făcut singurul lucru pe care l-am putut face: l-am abordat pe Thomas Tedrow să-mi vândă o parte din acțiunile mele Asconi. Eram disperat și el știa asta, dar eram dispus să le vând la orice preț ar plăti, chiar dacă acțiunile se tranzacționau în jur de 4 USD. Cu perioada de blocare încă în vigoare după IPO, Thomas mi-a oferit 40.000 de dolari pentru 400.000 de acțiuni și, fără altă opțiune, i-am vândut unul dintre certificatele mele de zece ori mai eftin decât prețul pieței la acea vreme. Cu firma lui Thomas am lucrat la câțiva clienți mari pentru el, toți din Moldova, inclusiv o altă companie de vinuri, o companie agricolă și o companie petrolieră. Am făcut diligența, strângând și organizând toate materialele pentru auditurile acestor companii, dar eram foarte îngrijorat că aș putea avea un alt caz Asconi în desfasurare. Dacă măcar una din aceste tranzacții se destrămau la atingerea lui Thomas Tedrow, nu aveam cum să mă mai întorc în Moldova, după ce as fi ars ars două companii cu mâinile aceluiași om.

În tot acest timp, încă am continuat să fiu atlet, să joc fotbal, să-mi iau centură neagră al doilea dan în Taekwondo și să-mi reîmprospătez abilitățile de judo. Dar în ciuda tuturor activităților sportive, am început să mă îngraș necontrolat într-un mod neobișnuit. De asemenea, pielea mea a început să mi se usuce și nu știam care ar fi putut fi cauza acestor probleme bruște de sănătate. Am aflat curând că stresul procesului Asconi, pierderea banilor pe care nu i-am avut niciodată și munca pentru Thomas au fost atât de intense, încât mi-au distrus glanda tiroidă. Până în ziua de azi, trebuie să iau pastile pentru tiroida mea în fiecare zi.

Am învățat multe de la Vadim despre încredere, deoarece am fost aruncat la adâncime fără să știu cum să inot în urma înțelegerii cu Asconi, dar cu Thomas am învățat finețea afacerilor, cum ar fi să-mi perfecționez jocul. Am observat că avea o separare absolută între viața personală și cea de afaceri. Cred că am luat asta la inimă. Am făcut tot posibilul să păstrez în taină de Jazmina o mare parte din afacerea cu Asconi, deoarece nu voiam să dau peste cap singurul loc în care eram liber de stres: acasă. Știam că trebuie să găsesc o cale de a ieși din această mizerie, dar nu eram sigur de ce opțiuni aveam cu adevărat.

La firma lui Thomas lucra un tânăr de vârsta mea, pe nume Jacob, care era foarte apropiat de Thomas și amabil cu mine. Am fost surprins că Jacob a vrut să lucreze la toate afacerile mele și să fie partener cu mine, ceea ce era foarte bine, și în favoarea mea la sigur. Jacob mi-a oferit un detaliu foarte important despre vinderea acțiunilor mele disperare pentru mine, dar unul extrem de avantajos pentru Thomas. Jacob mi-a spus că în timp ce i-am vândut lui Thomas acțiunile cu zece cenți pe acțiune, Thomas fiind un mediator în tranzacție a putut să se întoarcă și să-mi vândă acțiunile cu aproximativ cincizeci de cenți pe acțiune.

Mă așteptam la un asemenea comportament de la Thomas, dar asta m-a înfuriat până la capăt. Thomas a fost destul de drăguț în viața lui de zi cu zi, dar acea separare a problemelor personale și a muncii i-a permis să aibă o abordare feroce de afaceri: dacă ar putea lua 100% din tranzacție, ar lua 100% din tranzacție. Nu sa-r fi de loc rușinat. Știam că dacă aveam de gând să ies din această situație, va fi nevoie de multă viclenie din partea mea ca să-l câștig. Jucam cel mai dificil joc de șah din viața mea și singurul mod în care puteam câștiga era trișând.

Din fericire, îmi făcusem un aliat important la firmă – Thomas avea încredere în Jacob atât de implicit, încât Jacob avea acces la toate parolele computerelor și e-mailurilor lui Thomas. Jacob mi-a împărtășit o mulțime de informații, în special cu e-mailuri referitoare la proces și care ar fi următoarele mișcări ale lui Thomas. Mă jucam cu focul, dar cu spatele la perete, știam că nu aveam altă opțiune dacă voiam să mă eliberez de pârghia pe care Thomas o avea asupra mea. Thomas mă domina aproape în tot acest timp, dar știam că mă va arunca dupa bord dacă asta ar însemna că poate ieși nevătămat din proces. Am fost norocos că am avut acces la e-mailurile lui, deși nu mă simt mândru de loc datorită acesteă situații. Încă port această vinovăție, dar nu regret că am făcut-o, fiindca am putut să mă protejez pe mine și familia mea.

Consider că lucrul din spatele lui Thomas Tedrow cu accesul lui Jacob la e-mailurile sale este un nivel extrem de josnic, dar era absolut necesar în acel moment. Mă recuperam de la trădarea lui Vadim în timp ce eram sub blocajul lui Thomas și fără aliați care să mă sprijine în această luptă, ce alegere mai aveam?

Era toamna lui 2002, iar timpul a devnit și mai esențial, deoarece am simțit brusc că zilele mele la biroul lui Tedrow erau numărate. În primul rând, aveam nevoie ca Asconi să mă scoata din proces complet. L-am abordat pe avocatul pe care Thomas îl angajase inițial pentru mine și i-am spus că există un mare conflict de interese între mine și avocații lui Asconi. Nu numai că le-am prezentat și am vărsat toate detaliile despre caz, dar le-am plătit și rezerva de 15.000 de dolari. Cu aproape 400.000 de dolari scufundați în onorariile avocaților, Asconi nu putea să treacă la un alt avocat. Dacă ar fi reușit să-și facă rost de un nou avocat, ar fi trebuit să cheltuie cel puțin 25.000 de dolari pentru a-l pune pe acel avocat la curent cu dosarul. Știam că le-am atras atenția.

Procesul se prelungea fără un sfârșit real, dar cumnatul meu făcuse mișcări de la sine. Vorbea cu echipa de la Asconi de Crăciunul anului 2002 și a putut să aranjeze o întâlnire cu

Constantin și Anatol pentru mine. Am zburat în Moldova în ianuarie 2003 și mi-am prezentat întregul plan care se pregătise până în acel moment.

I-am făcut o promisiune lui Asconi: voi pune capăt procesului pentru a opri cheltuielile judiciare și voi împăca toate părțile la procesul Asconi, dar Asconi trebuie să mă lase să le restructurez compania și să-i aduc pe piața financiara majoră, cum ar fi AMEX, NYSE sau NASDAQ. Am cerut Cart Blansh în acțiunile mele și am primit-o. Cred că în acest moment al procesului, afacerea arăta ca o lumină la capătul tunelului pentru ei, așa că au făcut un salt și au avut încredere în mine.

Următorul pas a fost să-i scot din proces pe toți ceilalți, dar am fost strategic cu tactica mea, deoarece aveam acces la e-mailurile lui Thomas cu avocații. I-am lăsat să cheltuie destui bani pe avocați în ultimul an, dar știam că cu litigiul soluționat pentru toate celelalte părți, nu aș fi vrut să dureze în timp.

Rând pe rând i-am scos pe toți din proces, fiecare din ei plătind aproximativ 100.000 de dolari fiecărui pentru a-și soluționa litigiul, iar Vadim dând înapoi toate acțiunile sale, cu excepția a 10.000 (care au devenit 1.000 după împărțirea inversă 1:10). L-am lăsat pe Thomas Tedrow pentru final. Când l-am contactat pe Thomas, i-am spus că toți ceilalți participanți la litigiu s-au înțeles, iar acum eram noi toți împotriva lui, el a fost șocat. În cele din urmă, Thomas a plătit aproximativ 250.000 de dolari în acțiuni și numerar combinat, cel mai mult dintre cei implicați în proces.

Dupa doi ani în care am lucrat cuThomas, am fost în sfârșit liber, iar acum am avut ocazia să restructurez Asconi și să-i aduc pe piață; întreaga lume tocmai se deschisese în fața mea.

Cumva, procesul nu mi-a întrerupt procedura de carte verde, pe care Thomas ar fi putut să o încurce cu ușurință, dar documentele erau deja în mișcare. Nu trebuia să lupt în mod constant pentru a-mi păstra o viză care mai târziu mi-ar face viața mult mai ușoară.

Thomas și cu mine ne-am împăcat câteva luni mai târziu. Am centrat birourile lui Asconi în Winter Park, Florida, nu departe de birourile lui Thomas, așa că a venit să mă viziteze și să vorbim. Ne-am dat seama că jocul de șah pe care îl jucasem, urmărind unul pe celuilalt, s-a terminat. Am ajuns să fac o altă afacere cu el, dar m-am asigurat că sunt eu cel care contolez toate detaliile tranzacției și mișcarea banilor se făcea numai prin mine, păstrând banii și plătind totul conform condițiilor. Nu aveam încredere în el și dacă mi-ar cere să fac o afacere cu el acum, probabil, că tot nu aș avea încredere. Tom este unul dintre cei mai formidabili adversari împotriva cărora a trebuit să joc vreodată.

În fața mea era o mare oportunitate de a aduce Asconi pe piața financiară, așa cum le promisesem lor și mie. I-am spus lui Constantin un vis pe care l-am avut la apogeul procesului de judecata între noi; a fost un vis viu. Parcă eram blocat într-o pivniță întunecată, căutând în jur o cheie pentru a deschide ușa și a mă salva. La sfârșitul visului, am băgat mâna în buzunar, realizând că aveam cheia tot timpul la mine. Așa cum influența lui Vadim asupra mea mi-a dat curajul să fac tranzacții direct, navigarea în jurul lui Thomas Tedrow mi-a amintit că aveam puterea în mine de a accepta adversalitatea.

Eram gata să fac cea mai mare afacere a mea de până acum, dar habar n-aveam ce bătălii mă așteaptă.

CAPITOLUL 6:
Plasarea lui Asconi la Bursa American Stock Exchange

Depășirea procesului Asconi a luat o cantitate enormă de energie, dar după ce am câștigat încrederea companiei, am fost pregătit să-mi duc promisiunea de ai restructura și plasa pe cea mai mare piață financiară din lume. Asconi cheltuise o sumedenie de bani pe avocați și, deși actiunile au scăzut la 40 de centi de când a început procesul, eu, în calitate de director al companiei, eram hotărât să-i aduc la Bursa Americană.

Când i-am oferit lui Constantin și Anatol planul meu în ianuarie 2003, cred că au fost sceptici cu privire la modul în care aveam de gând să reînvie Asconi. Am început cu o împărțire inversă a acțiunilor și am plasat acțiunile în circulație, inclusiv acțiunile familiei Asconi de pe piață, cu zece, astfel încât să putem ridica în cele din urmă prețul acțiunilor de la 0,40 USD la 4 USD per acțiune. Familia mea rămânea în posesia a 300.000 de acțiuni, iar alte 100.000 de acțiuni mi-au fost emise în calitate de angajat al lui Asconi, în timp ce Constantin și Anatol au primit cinci milioane de acțiuni fiecare.

După consolidarea acțiunilor, a început munca adevărată: relații publice, relații cu investitorii, finalizarea procesului și cererea către AMEX. Era o muncă cu care ma mândream, știind că eram în fruntea eforturilor de salvare eficientă a acestei companii vinicole din Moldova. În timp ce am aplicat la Bursa Americană AMEX, American Stock Exchange), am primit o opinie legala de la avocatul lui Asconi, Jeffery Bahnsen - același avocat pe care l-am adus la Asconi în 2001 și care a jucat un rol esențial în intentarea procesului legal împotriva mea și a altora implicați în tranzacția Asconi din 2001.Opinia detaliat demonstra că acțiunile care au fost emise lui Constantin și Anatol după împărțirea inversă, urmau să fie tratate ca acțiuni fondatoare, ceea ce pe scurt insemna: fără lovitură financiară asupra bilanțului.

Acțiunile erau de 4 USD în momentul emiterii, așa că ar fi însemnat o taxă de 40 de milioane USD în contul de profit și pierdere. Analistul de la AMEX a acceptat opinia atunci când auditorii noștri independenți de la acea vreme, Michelson și Co., au acceptat-o la fel. La trei luni după ce am început procesul de depunere, ne-am calificat cu privire la toate standardele AMEX, inclusiv elementele fundamentale, prețul acțiunilor și acționarii. Trebuia să închidem la 4,75 USD cu o zi înainte pentru a ne califica și am făcut exact asta. Pe 4 noiembrie 2003, am sunat clopoțelul de deschidere la Bursa de Valori Americană și am putut introduce o firma moldovenească de vinuri pe cea mai mare piață din lume.

Intalnirea cu Vladimir Voronin, al treilea Presedintele al Republicii Moldova (centru al doilea de la dreapta) cu Vadim Enikeev (primul de la stanga), Thomas Tedrow (centru de la stanga) si eu (primul de la dreapta).

Am reușit să realizăm toate acestea fără a strânge fonduri, ceea ce a fost destul de surprinzător. După ce ne-am calificat, am strâns aproximativ 2 milioane de dolari într-un plasament privat și am urmărit cum prețul acțiunilor a urcat rupând toate plafoanele. Eram în vârful lumii urmărind tranzacționarea acțiunilor la 11 USD în volume uriașe în fiecare zi; tot ce i-am promis lui Asconi s-a împlinit și i-am bucurat foarte mult pe toți cei de la companie. Capitalizarea companiei a crescut peste 100,000,000! Acest sentiment nu a durat însă mult.

La patru luni după ce ne-am listat, în timp ce acțiunile se tranzacționau la un nivel ridicat, am primit o anchetă de la Comisia pentru Valori Mobiliare și Burse (SEC: Secirities and Exchange Commission) cu privire la tratamentul acțiunilor emise la fondatorii companiei Anatol și Constantin. Am reunit pe toți cei din companie și am constatat clar că procesul nou de audit va fi foarte serios și va avea un cost semnificativ. Am parcurs pas cu pas procesul cu consultanți de o înaltă calificare, dintre care unul a lucrat în trecut pentru SEC. Nu a durat mult până să ajungem la concluzia că Jeffrey Bahnsen de la Greenberg și Traurig nu avea nicio treabă să emită o opinie cu privire la acțiunile fondatorilor, iar contabilii și auditorii nu aveau dreptul să se bazeze pe opinia lui Bahnsen.

Acolo eram cu o acțiune de 8 dolari la AMEX, trebuind brusc să retratăm situația financiară pentru întregul an și să abordăm emisiunea celor 10 milioane de acțiuni către cei doi directori ai companiei. Chiar dacă știam că am făcut o muncă sinceră, nu m-am putut abține să nu mă simt afectat mult. Muncisem atât de mult încât proiectul Asconi să fie respectabil și totuși o provocare după alta bătea la ușă.

În cele din urmă, după 200.000 USD în taxe de consultanță și trei luni de înghețare pe AMEX (pentru că am depus 8-K de neîncredere în raporturile financiare în primăvara anului 2004), am depus raporturile financiare retratate în timpul verii. Chiar dacă am fost imediat lovit de o multime de procese de judecata, dar toate cazurile au fost retrase în mod voluntar după ce reformulările rapoartelor financiare au devenit oficiale.

După ce ne-am depus datele financiare reformulate, am primit un telefon de la Bursa Americană și ne-am pregătit pentru ce e mai rău. S-a dovedit că consultanții noștri au făcut un lucru atât de bun cu reafirmarea raporturilor, încât a fost în conformitate cu cea a unei companii Blue Chip (companiile Blue Chip represinta companiile din Indexul Dow, cele mai pristegioase din lume dupa care se coteaza toată piața). Au redeschis tranzacționarea pe acțiunile Asconi imediat și ne-am întors pe AMEX sub simbolul ACD la scurt timp după ce compania a primit o ofertă de la SEC pentru a se mulțumi cu o amendă de 50.000 USD în schimbul continuării procedurii civile. Niciunul dintre directori nu a fost găsit de vină, dar auditorii independenți și contabilul - șef al companiei de la acea vreme primiseră notificările Wells de la SEC. Pentru mine, aceasta a fost o victorie mare, dar pentru Constantin Jitaru și Anatol Sîrbu, a fost un lucru obișnuit, nimic special.

Odată cu acțiunile colective și scoase din bursă timp de trei luni, acțiunile se tranzacționau în jur de 3 USD și nu aveam aceleași volume ca înainte. Știam că va trebui să atragem din nou mai mult interes pentru acțiuni, iar asta însemna să angajăm o firmă de relații publice și să luăm legătura cu brokerii. Am vorbit cu Constantin, CEO-ul, despre cum au fost el și Anatol în Moldova; ei nu vorbeau engleza, iar eu îi reprezentam pe ei și compania în toate aceste întâlniri. Mi-au dat titlul de Chief Operations Officer și Director, dar le-am spus că este mai potrivit ca cineva din poziția de președinte sau CFO să fie reprezentant sau să aducă mai mulți oameni în consiliu, deoarece acum suntem o companie serioasă care tranzacționează pe AMEX. Constantin mi-a spus: „Dacă vrei să fii președinte, am o sugestie pentru tine, Seriojica. Ce zici să-ți faci propria companie și să devii președinte."

Îmi spunea Seriojica fie cu drag, fie sarcastic, în funcție de contextul conversației. Cuvintele lui m-au jignit și le-am luat la suflet.

În acest moment al relației mele cu Asconi, începeam să simt anumite frustrări, mai ales după ce le-am stins atât de multe focare. Când am aplicat inițial la AMEX, era o taxă anuală de 15.000 de dolari pe care am plătit-o din buzunar, iar Asconi mi-a promis că îmi va întoarce banii. Nu au ajuns niciodată să mă plătească înapoi și pentru ei am fost de vină pentru ancheta SEC. Pe lângă asta, nu fusesem plătit cu un salariu pentru întreg primul meu an de muncă și, deși nu mă luptam pentru bani, acesta era principial pentru mine.

Această administrare greșită a lui Asconi a fost evidentă chiar și în modul în care erau conduse birourile. Într-o zi liniile telefonice au încetat să funcționeze și nu mi-am putut da seama de ce a fost așa. După ce m-am dus la contabilul-șef care era trimis din Moldova, mi-a spus că pur și simplu nu plătea facturile de telefon, pe care le acoperisem eu cu un an înainte. I-am spus: „Trăiesc în această țară de mulți ani și tot timpul plătesc toate facturile, nu înțeleg cum poți să nu plătești și la ce să speri?."

El a răspuns: „Ei bine, pur și simplu nu ai încercat niciodată să nu plătești".

Era evident că ei lucrau sub mentalitatea rusă/moldovenească conform căreia cu cât datorezi mai mult, cu atât ești mai valoros.

În această perioadă cu Asconi am avut alte vise pentru viața mea, inclusiv să-mi întemeiez propria familie cu Jazmina. A fost o luptă incredibilă să avem copii pentru noi și am făcut tot ce am putut pentru a face acest lucru posibil. Când Jazmina a rămas însărcinată prima data, am fost cel mai fericit, dar primul meu instinct a fost să păstrez asta doar între Jazmina și mine. În cele din urmă, nu am mai suportat și a trebuit să le spun familiei și prietenilor despre vestea bună.

Pe la a cincea săptămână de sarcină, am avut un vis incredibil de viu: era o procesiune de bărbați în costume negre în afara casei bunicii mele din Moldova in satul Burlanesti. Am fost condus pe acest coridor din oameni în cosume de gala negre în casa unde am găsit un copil întins pe masă. M-am trezit, speriat, gâfâind numele „Daniel" și surprinzându-mă cu această exclamație. Jazmina și cu mine nu știam dacă copilul era băiat sau fată, dar știam că numele copilului nostru va fi Daniel dacă se năstea băiețel. Nu după mult timp, Jazmina a avut un avort spontan și l-am pierdut pe Daniel, lăsându-ne amândoi devastați și nesiguri de cum va arăta viitoarea noastră familie.

Am făcut tot ce am putut să o susțin pe Jazmina și munca a fost o distragere de la acele clipe dureroase.

Ancheta SEC s-a încheiat și angajarea unei firme de PR pentru a întineri acțiunile și a câștiga din nou încrederea investitorilor a fost prioritatea mea principală. Primele trei luni de plăți către firma de PR au fost necesare pentru ca noi să continuăm, dar Asconi mi-a spus că va trebui să plătesc firma din buzunarul meu. Mi s-a spus că dacă îi satisfăcea munca și stocul a trecut pragul de 5 dolari, atunci mi-ar plăti înapoi în caz contrar ar fi pierderea mea.

Având în vedere că acțiunile se tranzacționează la aproximativ 3,75 USD, am simțit că nu am de ales, dar am crezut că stocul se va întoarce cu ușurință peste 5 USD, având în vedere că a fost între 8 și 10 USD înainte de înghețarea acțiunilor. Odată cu creșterea vânzărilor și o piață fierbinte, am pornit pe drumul pentru prezentări pentru investitori, iar oamenii s-au grăbit să folosească ocazia de a cumpăra. Stocul a ajuns rapid la nivelul de 5 USD, dar apoi am observat că se întâmplă ceva ciudat.

A existat o cantitate mare de acțiuni vândute în jurul nivelului de 5 USD; Inunda piața și știam că nimeni nu va profita vânzând la acel nivel, dacă nu obțin acțiuni gratuite sau practic gratuite și apoi voi pune în buzunar banii rapid. Știam că singurii care ar putea beneficia cu adevărat vom fi eu sau fondatorii, așa că i-am sunat și i-am rugat să-și mențină capătul târgului pe care l-au făcut înainte. Am vrut ca Asconi să-mi plătească tot ceea ce mi se datora pentru munca mea de PR, dar răspunsul lor scurt a fost că stocul nu a depășit constant 5 USD, deoarece ar scădea din nou la aproximativ 4,75 USD după ce a depășit 5 USD în fiecare zi. Apelul m-a lăsat plin de îndoială, dar am vrut să cred în decența umană și că am un oarecare control asupra situației.

Știam că Constantin și Anatol nu ar putea să vândă acțiunile sau vor genera un dosar la SEC, care în final lasă numai o persoană pe care o puteam suspecta că ar putea face asta: fostul meu cumnat. Știam că avea un cont offshore sub numele Brysdel Company pentru că a folosit adresa mea de domiciliu ca adresă poștală pentru acel cont și chiar primisem comenzi de vânzare pe hârtie pentru stocuri. Bănuiam că este un „front" pentru Constantin și Anatol și păstram comenzile de vânzare în caz că trebuia să vorbesc cu SEC. Intr-o zi am primit un munte întreg de confirmări de vânzari de acțiuni, am estimat că au vândut acțiuni în valoare de aproximativ 500.000 de dolari prin intermediul companiei offshore. Până astăzi, am păstrat în continuare toate confirmările.

Am vrut să-i confrunt pe Constantin și Anatol, să-i sun pe avocații noștri și să-i aduc la SEC, dar părea riscant la acel moment. Cumnatul meu avea să le acopere, mai ales că la vremea aceea sora mea l-a informat că vrea să divorțeze. În plus, partenerii Asconi erau oameni cu influență și agresivi la limită. Frustrat, fără idee ce să fac în continuare, a trebuit să-mi iau ceva timp.

În primăvara lui 2005, am dus-o pe Jazmina în Jamaica pentru o săptămână, dar sincer, mi s-a părut ca am petrecut acolo peste trei luni. Mi-am limpezit mintea și am simțit o astfel de pace în suflet, care amintea de zilele mele la casa din sat a binelor mei și, în sfârșit, am luat decizia.

De îndată ce m-am întors la birou, mi-am prezentat demisia. În ziua în care Asconi a anunțat piețelor că directorul de operațiuni și directorul Serghei Melnik a renunțat, acțiunile au scăzut cu aproximativ 50%, iar în șase luni de la demisia mea Asconi Inc. a fost radiată de la Bursa Americană. Ironic a fost pricina radierii, ei nu au reușit să plătească AMEX taxa anuală de 15.000 USD.

Octombrie 2005, din aventurile mele pe insulele Galapagos. Aceasta perioada a fost un moment de reflectie dupa ce m-am concediat din corporatia Asconi. Eram nou in scuba diving, numai primisem licenta in FLorida si unicile scufundari fusese in lacurile cu apa dulce din Florida Centrala. Prima mea scufundare in apa sarata a fost pe insula Wolf in Arhipelagul Galapagos si a fost foarte complicat pentru un boboc ca mine cu apa rece si curenti puternici dar nici pe aproape ca curentii care aveam sa-i indur la urmatoare insula, Charles Darwin, unde am petrecut 3 zile. Dupa doua saptamani am plecat de pe Galapagos cu licenta de Advanced PADI Diver, parte din ultimul examen facea scufundare la 40 de metri in craterul un vulcan si resolvarea unor exercitii de matematica pe o tabla care mi-a presentat-o la adancime Master Diver care primea examenul.

La un moment dat, am știut că va trebui să trec de la Asconi, așa că mi-am început propria afacere de consultanță, Wolf Blitz Inc., în jurul anului 2004. Timpul petrecut cu Asconi nu mi-a afectat reputația, dar dacă funcționarea interioară a companiei ar fi fost cunoscută public, ar fi putut fi o altă poveste. În schimb am avut ocazia să lucrez cu o serie de companii, făcându-le publice: o companie de construcții ecuadoriană, o firmă de construcții din Rusia, un conglomerat agricol moldovenesc și chiar o companie de media din Moldova.

În 2016 s-a deschis funcția de șef al Băncii Centrale a Moldovei și am aplicat, știind ca la sigur nu o voi obține, dar am văzut oportunitatea de expunere. La mai bine de 11 ani după ce am sunat la deschidere, nimeni, în afară de o mână de oameni din Moldova, nu știa că o Companie moldovenească a fost listată pe Wall Street. Știam cine nu avea să câștige, dar oricum mi-am aruncat pălăria în ring.

Planul meu de expunere a funcționat totuși, deoarece am fost peste tot pe știri și evenimente, dar știam că lipsește ceva. Trebuie să fi luat la inimă cuvintele lui Constantin despre „începerea propriei afaceri" și, în ciuda faptului că am avut niște acorduri de succes cu compania mea de consultanță, îmi doream mai mult.

Din fericire, în curând mi-am facut un prieten și mi-am construit o companie în care cred cu adevărat.

CAPITOLUL 7:
Gareth și Nutriband

Compania mea de consultanță, Wolf Blitz Inc., a devenit punctul meu de interes după Asconi. După toată trădarea pe care am experimentat-o de-a lungul anilor, am vrut să pot alege cu atenție cu cine lucrez. Cu companiile pe care le-am adus public, nu eram pregătit să preiau nicio poziție în consiliu, mai ales pentru că nu aveam deplină încredere în companiile mele -clienți și în reprezentanții acestora. Altfel eram concentrat pe construirea familiei mele. A fost o perioadă extrem de grea, deoarece acesta nu a fost un proces ușor pentru mine și Jazmina.

Am apelat la fertilizarea în vitro, încă întristați de pierderea primului copil, dar speram în posibilitatea de a întemeia în sfârșit o familie. După o serie de eșecuri, în sfarșit, Jazmina a rămas însărcinată cu gemeni, doi băieți. Băieții trebuiau să se nască în 2008, iar eu eram fericit ca niciodată, entuziasmat de perspectiva de a deveni tată pentru băieți gemeni. După aproximativ cinci luni de sarcină, era 8 martie, Ziua Internațională a Femeii, și eram pe cale să ieșim la cină când Jazminei i s-a rupt apa; Nu mă așteptam niciodată să ni se întâmple ceva atât de drastic și înfiorător.

La spital, medicii și asistentele au evitat ore întregi să ne dea orice informație până când în cele din urmă s-a confirmat că Jazmina va naște, dar bebelușii nu vor supraviețui. Una dintre cele mai mari temeri ale mele a fost că bebelușii vor muri nebotezați, așa că după ce m-am consultat cu un preot, am aflat că pot să-i botez ca tată. Jazmina și cu mine ne-am pierdut pe amândoi fiii și am fost plini de cea mai chinuitoare durere pe care am simțit-o vreodată. Eram copleșit și voiam să mor, deoarece tot sensul vieții mele era pierdut, dar Jazmina și cu mine ne-am găsit putere, susținându-ne unul de altul.

În cele din urmă, ne-am acumulat puterea să încercăm să avem din nou copii, iar acum suntem binecuvântați cu un fiu și o fiică. Această călătorie în calitate de părinte a fost grea, dar am putut să-mi văd copiii crescând în moduri pe care nu mi le-aș fi imaginat niciodată. Privesc pe fiul meu făcând sport cu o îndemânare incredibilă, iar fiica mea are una dintre cele mai deștepte minți; este o comoară să-i privesc crescând.

"Jazmina" Soacra mea a pictat aceasta lucrare in 2009. Eu si Jazmina am pierdut gemenii nostri in Martie 2008. Mama lui Jazmina niciodata nu i-o interpretat detaliile acestiu tablou; a spus pur si simplu o simtit ca asa o vedea pe Jazmina la momentul cela... Nu pot sa nu ma gandesc ca siluetele copiilor care pasesc in departare sunt umbrele gemenilor nostri care se indeparteaza de ea.

Acestea fiind spuse, nu mă așteptam să fiu retras în lumea afacerilor într-un mod atât de semnificativ.

O oportunitate a apărut dintr-un loc neașteptat: am avut o prietenie minunată cu partenerii de la compania de PR pe care am angajat-o pentru Asconi. Una dintre ele, Dina Lyaskovitz, a ajuns să mă invite la Las Vegas de Ziua Recunoștinței în 2015.

Ziua Recunoștinței este singura sărbătoare din Statele Unite pe care nu o înțeleg. Îmi place Crăciunul când se adună toată familia împreună să sărbătorim. Pentru Thanksgiving trebuia să mergem la surorile Jazminei în acel an, dar am decis să pun piciorul în prag și să declar că nu merg. De fapt plănuisem să merg la scufundări în Cancun, Mexico până când Dina m-a invitat în Las Vegas să vorbesc cu un tânăr foarte interesant care avea o companie deja înființată și avea nevoie de ajutor pentru a o dezvolta.

Am decis să merg la Vegas, știind că nu vroiam să mă implic prea mult în afacerile acestui tânăr și că voi păstra relația mea doar cu cea de consultant. Când am ajuns în Las Vegas, m-am dus la hotelul Luxor să mă întâlnesc cu Dina și să mă pregătesc pentru întâlnirea mea cu Gareth Sheridan a doua zi dimineață.

Când l-am văzut pentru prima oară pe Gareth, era la coadă la bufetul de mic dejun de la Luxor, iar înălțimea lui a fost primul lucru care m-a frapat –era un tânăr mai înalt de doi metri și era deasupra tuturor celorlalți.

A fost destul de timid la început, dar a reușit să-mi prezinte compania lui, Nutriband, cu mare competență. Nutriband produce sisteme de administrare transdermică a medicamentelor sub formă de plasturi pentru a furniza doze într-un ritm controlat, similar cu plasturi cu nicotină, dar cu mult mai multe aplicații. Gareth a dezvoltat cu succes ideea pentru Nutriband în timp ce își finaliza teza la Institutul de

Tehnologie din Dublin și a avut succes în anii următori prin vânzarea de plasturi pentru suplimente de vitamine în Irlanda.

Gareth a avut atât de mult succes, de fapt, încât a vândut Nutriband unei companii din SUA pentru o sumă decentă de acțiuni, dar cifrele nu-l satisfăceau. Trebuia să aibă cel puțin 20% din această companie din SUA, dar, în realitate, avea mai puțin de un procent. Pe lângă faptul că acțiunile sale au fost diluate, plasturii lui, produsul Nutriband, au fost abandonați de companie, astfel încât să poată sta pe tehnologie.

Nu m-am putut abține să nu mă văd pe mine mai tânăr în Gareth, încercând să navighez în această lume a afacerilor cu puțină experiență și figuri necinstite care încercau doar să profite. Cu toate scenariile mele de coșmar cu Tedrow și procesul Asconi chiar când ajungeam la treizeci de ani, știam că aveam un drum perfid în față. I-am spus lui Gareth că voi acționa în calitate de consultant și împreună vom scrie o scrisoare directorului general al companiei care a achiziționat Nutriband. Scopul scrisorii a fost de a cere rezilierea contractului. Am conceput scrisoarea folosind termeni juridici cât am putut de serioși pentru a-i clarifica CEO-ului că ne referim la afaceri. Spre surprinderea noastră, CEO-ul a fost de acord să rescindă imediat afacerea și era timpul să ne apucăm de treabă.

Pe 4 Ianuare 2016 am înființat Nutriband USA ca o corporație din Nevada și, la început, am avut un procent mai mic în companie pentru că eram doar consultant în afacere. Eu și Gareth am constatat că trebuie să strângem mai mulți bani și să obținem o investiție mare, așa că am luat legătura cu prietenul meu de la facultatea de drept, Vitalie Botgros, care avea propria sa companie de deservire la avioane charter. Am încheiat o înțelegere prin care Gareth a dat înapoi cinci milioane de acțiuni trezoreriei, așa că jumătate din companie era a lui

Gareth, iar cealaltă jumătate a fost împărțită între prietenul meu și mine. Dacă aș fi fost Thomas Tedrow, Gareth ar fi primit doar 5%, dar eu nu sunt Thomas.

Primul sfat al directorilor Nutriband Inc.: Vitalie Botgros (dreapta), Gareth Sheridan (mijloc) si eu (stanga). Impreuna prezentam cele trei elemente intigrale care au adus la crearea companiei Nutriband.

Știam că Gareth era forța motrica creativă din spatele a tot ceea ce făcea Nutriband și imaginația lui era cea care va aduce un adevărat succes companiei. Acest lucru în sine ne-a impus să dețină cea mai mare cotă în companie.

Am oficializat compania pe 4 ianuarie 2016 și am depus un Formular 10 la SEC câteva luni mai târziu pentru a o face o companie publică. Am început chiar să căutăm să achiziționăm o companie, Advanced Health, pentru IP-ul lor (proprietatea intelictaula), iar în timpul negocierilor, am fost puși în legătură cu avocatul lor care avea experiență FDA. Avocatul Advanced Health a fost mai mult decât dispus să ne ajute și ne-a oferit o opinie foarte extinsă și detaliată că nu avem nevoie de aprobarea FDA în SUA. Am avut, de asemenea, mai mulți medici și un dermatolog care ne-au sfătuit cu privire la produsul Nutriband, iar consensul a fost că acești plasturi ar putea fi numiți plasturi cu vitamine și ar intra în categoria suplimentelor.

Odată ce am început să ne depunem informațiile financiare oficiale, am primit o invitație pentru un interviu cu SEC, ceea ce m-a îngrijorat puțin, mai ales cu experiența mea cu SEC din zilele mele din Asconi. Nu fusesem citați și era un interviu informal, dar nu înțelegeam de ce ar dori să vorbească cu noi. Nu aveam acțiuni de tranzacționare și încă mai trebuia să trecem prin FINRA pentru a obține un simbol bursier. Eram la cel puțin șase până la douăsprezece luni de la prima tranzacție pe acțiuni, dar singura îngrijorare pe care o aveam a fost dezvăluirea FDA.

După ce m-am liniștit cu opinia scrisă a consilierului juridic al Advanced Health, prezentată nouă ca avocat FDA, am fost la interviul din Miami fără avocat; M-am simțit destul de confortabil cu locul în care se află compania.

Au fost doi intervievatori: un american care era destul de amabil și un francez sau belgian care nu se temea să ridice vocea la mine. Cei doi au început să mă preseze imediat, dorind în special informații despre Gareth și orice posibile greșeli, dar tot ce aveam de spus despre Gareth era pozitiv. M-au întrebat câți bani avem în contul companiei și mi-am putut aminti exact cât era în cont: 40 de dolari. După vreo trei-patru ore, intervievatorul francez/belgian ridica vocea la mine, iar în curând ne-am aflat într-un meci strigător. Deoarece era un interviu informal și nu aveam un avocat cu mine, în cele din urmă am plecat, dar știam că Gareth va fi următorul.

I-am luat lui Gareth un avocat pentru interviul său și, în acest moment, încă nu știam ce căuta SEC. După interviul lui Gareth nu a dezvăluit nicio greșeală intenționată, ci au ridicat interviurile noastre informale la o investigație oficială. Au mers la avocatul care ne-a dat prima opinie că nu avem nevoie de aprobarea FDA de la Advanced Health, compania pe care am achiziționat-o (sau așa credeam noi) pentru cinci milioane de acțiuni din acțiunile Nutriband și ea a încercat imediat să se ferească de responsabilitate, învinuidu-ne de tot, pe mine și Gareth.

În primul rând, a mințit și a spus inițial că nu ne-a prezentat niciodată vreo opinie, dar, desigur, am tipărit copii ale e-mail-urilor. Apoi ea a spus SEC că a înțeles greșit pentru ce este opinia, dar și asta a fost o minciună. Am furnizat SEC toate documentele noastre pentru că știam că avem dreptate, dar tot nu a contat. Ne bălăceam.

Privind retrospectiv, mă simt ușor rușinat de cât de îngâmfat m-am comportat în timpul acelui interviu inițial. Dacă aș fi putut ști că opinia FDA pe care mă bazam era o opinie legala proastă, inexactă, pe care nu ar fi trebuit să mă bazez niciodată.

În jurul lunii iunie 2017, totul mergea prost cu ancheta SEC, iar FINRA a răspuns lent la comentarii; se părea că nu era aproape momentul în care vom primi simbolul. Am făcut ceea ce fac întotdeauna în astfel de situații: mă rog și predau lucrurile unei puteri superioare.

L-am sunat pe Gareth și i-am spus: „Partener, ne-am lovit de un obstacol. Este unul mare. Dacă nu primim un simbol în curând, nu știu dacă vom putea supraviețui." Mi-am pus Ave Maria: am decis sa donăm amândoi câte 100.000 de acțiuni bisericilor noastre. Eu sunt creștin ortodox, iar Gareth este catolic irlandez. Chiar a doua zi după ce mi-am împărtășit angajamentul cu Gareth, am primit o notificare de la sponsorul nostru market maker: FINRA ne-a aprobat cererea și ne-a acordat simbolul NTRB! Nici măcar nu sunasem încă la agentul de transfer, dar rugăciunea noastră a fost auzită. Am transferat acțiunile așa cum am planificat, pregătiți pentru ce a urmat.

În 2018, avocatul nostru ne-a spus că SEC se pregătea să ne trimită o notificare Wells, adică se pregăteau să ne dea în judecată și nu putea fi într-un moment mai rău. Acțiunea tocmai începea să decoleze și se tranzacționa la aproximativ 9 USD. De asemenea, eram pe cale să avem prima noastră adunare majoră a acționarilor pentru a alege noul consiliu de administrație, când am aflat că părțile din afacerea Advanced Health au comis fraudă. În timp ce ne pregătim procesul împotriva celor implicați la Advanced Health, SEC a venit la noi cu o înțelegere: Gareth și cu mine trebuia să plătim fiecare 75.000 de dolari și să demisionăm din consiliu, ucigând efectiv compania și instituind o interdicție care ne-ar interzice să fim vreodată în consiliul unei companii.

M-am întâlnit cu Gareth și i-am spus că trebuie să fim pe aceeași pagină. Dacă am accepta acordul, nu am mai putea lucra niciodată în această sferă de afaceri și ar trebui să începem să căutăm locuri de muncă la o spălătorie auto. Știam că trebuie să luptăm și existau chiar șanse mari să câștigăm; când ne-au intervievat inițial, aveam doar 40 de dolari în cont, dar acum aveam peste 1 milion de dolari în cont. Punând tara la cale, ne-am apucat de treabă imediat.

Am început cu angajarea la una dintre cele mai mari firme de avocatură FDA și am cheltuit 7000 USD pentru a obține o opinie adecvată despre produsul Nutriband în raport cu FDA. Firma ne-a explicat că trebuie să fim aprobați de FDA, iar opinia pe care am primit-o înainte nu era corectă.

SEC ne-a spus în cadrul investigației că au o opinie de la FDA, motiv pentru care s-au încurajat să ne trimită o notificare Wells, dar nu ni s-a arătat niciodată dovada acelei opinii. Acest lucru se datorează cel mai probabil pentru că FDA nu emite în mod direct opinii sau cel puțin că am fost făcuți să credem și am ajuns să realizăm că SEC poate insela in privinta opiniei legale obtinute dar in fine concluzia a fost ca aveam nevoie de aprobarea FDA pentru plasturi cu vitamine, ceea ce ar putea costa milioane de dolari și mulți ani în studiile FDA.

După ce ne-am consultat cu avocații FDA, ne-am dus la Joe Dever, un avocat care avea experiență ca fost avocat de aplicare la SEC la Cozen O'Connor din New York. El a văzut că avem un caz și a abordat SEC, notând o scrisoare de explicație foarte detaliată a poziției noastre, a raționamentului și a temeiului dosarelor noastre, ceea ce sugerează că suntem gata să ripostăm. Am răspuns la Notificarea Wells, iar după aceea, SEC a făcut un pas înapoi. Au dispărut amenințările de fraudă și de a nu mai fi niciodată pe o placă, dar am fost totuși loviți de o palmă pe încheietura mâinii care ulterior s-a dovedit a fi una dureroasă.

Fără să admitem sau să negăm vreo vinovăție, am fost de acord să încetăm și să renunțăm la comiterea sau provocarea oricăror încălcări și orice încălcări viitoare ale secțiunilor 12(g) și 13(a) ale Legii de schimb și ale regulilor 12b-20 și 13a-1, plătind amenda de 25.000 USD. pentru a corecta greșeala din dosare. Eram liberi să continuăm să muncim, să strângem bani și să nu fim niciodată considerați actori răi; totuși această investigație a revenit să ne bântuie atunci când am aplicat la NASDAQ.

Nutriband creștea cu mare succes, stocul se tranzacționa la 25 de dolari și exista un interes general pentru a investi în Nutriband Inc. Eram siguri că vom ajunge pe NASDAQ și vom continua succesul companiei. Cu această încredere, am aplicat în 2020.

Înainte să ne auzim, am visat că urcam o scară către o cameră, foarte asemănătoare cu căminele de la facultatea de drept din Moldova. Înăuntru Gareth vorbea la telefon cu NASDAQ, iar ceea ce vorbeau a sunat controversat. În ciuda acestui fapt,   m-am simțit brusc exuberant de fericit, plângând cu lacrimi: am iteles ca intrasem pe NASDAQ. Odată ce m-am trezit, le-am spus lui Gareth, doar pentru a fi complet dezamăgit două săptămâni mai târziu.

Am fost refuzați, cel mai probabil pentru că eram o companie prea mică în acel moment. Acordul SEC din dosarul nostru nu arăta bine și ni s-a spus că va trebui să renunțăm din funcția de directori dacă dorim ca compania să avanseze. Gareth și cu mine am acceptat acest lucru și am spus echipei de la NASDAQ că ne vom retrage și vom numi pe altcineva.

În octombrie 2019, chiar înainte de încercarea de a obține aprobarea NASDAQ, tocmai luasem o obligație convertibilă la sfatul bancherilor noștri, ceea ce în cei 20 de ani de a construi afaceri, nu sfătuisem pe nimeni s-o facă. Bancherii noștri ne-au spus cine ne-au recomandat tranzacția pe care o vom avea pe NASDAQ în treizeci de zile, astfel încât acest lucru ar arăta pieței că am reușit să strângem bani.

Obligațiile convertibile ne-au consumat întregul capital propriu; dar din fericire nici o parte din acțiuni nu a fost convertită, iar noi aveam datorii pe care trebuia să le plătim. Vel mai probabil a fost ca banca să ne scurteze (short hedge), deoarece tranzacționam inițial în jurul a 25 USD, dar când NASDAQ ne-a refuzat, era la 12 USD.

Gareth și cu mine plăteam din resurse proprii pentru a avea o suită la arena de baschet a Orlando Magic pentru întâlniri, deși nu aveam mulți bani la acea vreme. După ce am primit notificarea de la NASDAQ, Gareth și cu mine am decis să mergem la un joc de baschet NBA, doar noi doi. Ne-am pus capetele cap la cap și am realizat că ne bazam pe tot felul de consultanți în tot acest timp, de peste 12 luni. Toată lumea ne consulta, dar noi eram cei care aveam cel mai mult de pierdut în aceste situații. Ne-am dat seama că putem să ne retragem cererea și să creștem afacerea, fie să ne luptăm cu NASDAQ pentru a fi acceptați.

Dacă alegem să luptăm, ar trebui să informăm piața printr-un dosar oficial la SEC că NASDAQ ne-a respins cererea și am depus o contestație. Asta ar însemna că toată piața ar putea afla de acest fapt negativ, dar eram mai îngrijorați de obligațiunile noastre convertibile și de actorii din spatele acelor fonduri.

Dacă banca ar afla despre retragerea cererii noastre, în scenariul cel mai probabil, ar converti imediat tot împrumutul în actiuni, împingând prețul la un ban. Dacă ne-ar reduce prețul la acțiuni, ei ar profita , în timp ce noi am fi zdrobiti. Acest scenariu a fost inacceptabil. După aceea am confirmat cu American Stock

Transfer că nicio acțiune nu a fost convertită pe obligațiunile convertibile, am inteles că avem șansa de a implementa planul nostru. Am început să lucrăm la afacerea care avea să salveze compania și să-i ofere șansa de a vedea zile mai bune.

Am invitat câțiva administratori de finanțe de la câteva instituții financiare și brokeri pe acțiuni la un meci de baschet NBA a lui Orlando Magic. Am făcut o prezentare pentru un mic plasament privat. La mijlocul lunii februarie 2019, când am ieșit din joc – nici măcar nu-mi amintesc cu cine juca Magic– ne-am angajat pentru o infuziune de 700.000 de dolari. De îndată ce tranzacția a fost finalizată, am plătit integral obligația convertibilă înainte ca aceștia să poată transforma o singură acțiune din acțiunile Nutriband Inc. Ne-am retras cererea de la NASDAQ și ni s-a spus că putem aplica din nou 12 luni mai târziu. La aproximativ o săptămână după ce am retras aplicația, a început pandemia de COVID, iar refuzul NASDAQ a arătat acum ca o binecuvântare deghizată.

Noul nostru plan a fost să restructurăm afacerea și să aplicăm la NASDAQ un an mai târziu. Ca parte a restructurării și întăririi capitalurilor proprii și a bilanțului, am urmat achiziția Pocono Coated Products pentru 6 milioane de dolari în acțiuni ale companiei și o cambie de 1,5 milioane de dolari. La exact 12 luni și câteva zile după retragerea cererii noastre, am depus din nou cererea NASDAQ.

Când Gareth și cu mine am aplicat a doua oară, am lucrat cu același analist ca data trecută, care a fost destul de impresionat de cât de departe am ajuns. Când am aplicat pentru prima dată în 2019, aveam aproximativ 700.000 USD în capitaluri proprii și aproape niciun activ. Când am aplicat următoarea, aveam 7,5 milioane de dolari în capitaluri proprii și aproximativ 10 milioane de dolari în active. Vânzările Nutriband pe piața coreeană atinseseră vânzări de aproximativ jumătate de milion de dolari și, în general, compania arăta grozav în comparație cu 12 luni în urmă.. Am angajat chiar și Donohoe Advisory Associates, o firmă de consultanță condusă de fostul consilier șef al NASDAQ, pentru a ne asigura că avem ajutor suplimentar.

Din nefericire, analistul nostru, care ne cunoștea cazul din depunerea noastră inițială cu un an înainte, a decis să plece de la NASDAQ la altă companie. Înainte să plece, ne-a spus că suntem în ultima etapă înainte de a fi acceptați, dar în următoarele câteva luni, nu am avut vești de la noul analist. În cele din urmă, am primit un telefon de la Gareth și i-am auzit panica în voce când îmi spunea că am fost refuzați din nou. L-am calmat pe Gareth și i-am spus că avem o singură opțiune în fața noastră de data aceasta: trebuie să luptăm.

Am scris o scrisoare pasională și detaliată adresată conducerii NASDAQ și i-am informat că vom depune apel, afirmând că ar trebui să explice de ce ni se refuză și de ce nu avem voie să fim în consiliul de administrație și Gareth. Mi-am bazat opinia pe presupunerea că analiștii NASDAQ au fost pur și simplu copleșiți de cantitatea de muncă după ce au ieșit din blocarea Covid-19. În acest caz, ar fi logic să treacă cu vederea sau să ia o decizie în grabă asupra unui caz care a fost respins deja o dată înainte. Apelul nu ar fi tratat de NASDAQ; ar merge la doi oameni de afaceri independenți, așa că NASDAQ ar trebui să le explice lor de ce ni se refuză.

În acest moment al procesului, am renunțat la funcția mea de CFO în Nutriband pentru a liniști NASDAQ, rămânând doar un director și m-am trezit că vreau să mă concentrez din nou pe familie.

În august 2021, tatăl meu împlinea 75 de ani și visul lui a fost întotdeauna să vadă Marele Canion. El a crescut citind despre indieni și cowboy din Vestul Sălbatic și am vrut să fac acest vis al lui să devină realitate. În trecut, ne-am planificat această călătorie, dar mereu ne-a împiedicat ceva. Odată mi-am rupt călcâiul lui Ahile jucând fotbal chiar înainte să plecăm și a trebuit să anulăm călătoria. De data aceasta, a funcționat, așa că i-am dus pe tatăl meu și pe nepotul meu pe 22 August la Marele Canion și seara am băut șampanie la miezul nopții să întâlnim August 23 în Cazinoul Luxor, Las Vegas, pentru a sărbători aniversarea a 75-a a tatălui meu.

Călătoria noastră s-a încheiat în Las Vegas, așa că nepotul meu, tatăl meu și cu mine ne-am distrat din plin, ne-am cazat la hotelul Luxor. În dimineața zilei de 23 august 2021, ziua de naștere a tatălui meu, stăteam în jurul piscinei când am primit un telefon de la Gareth: consiliul de administrație a inversat refuzul NASDAQ. M-am scuzat de tatăl și nepotul meu, păstrând aceste informații pentru mine și m-am întors în cameră. De la fereastră, aveam aceeași priveliște asupra Las Vegas-ului ca și când l-am întâlnit prima dată pe Gareth de Ziua Recunoștinței din 2015. Am căzut în genunchi și am plâns aproximativ 10 minute consecutiv, exact ca în visul pe care l-am văzut cu aproximativ 18 luni înainte.

După ce șocul și exuberanța inițială au părăsit corpul meu, m-am întors la piscină, fără să-i spun o vorbă tatălui sau nepotului meu, respectând o altă regulă pe care mi-am asumat - o cu mult timp în urmă. Nu împărtășesc nicio informație, bună sau rea, cu familia mea până când aceasta devine fapt sau publică. Când am aplicat pentru funcția de guvernator al Băncii Centrale a Moldovei, toată lumea, inclusiv părinții mei, au aflat din știrile oficiale, la fel cu tranzacția mea Air Moldova, la fel ca acum. Acest lucru se poate datora faptului că sunt extrem de superstițios. Cu vești proaste, puteți mări efectul și puteți crea o presiune inutilă asupra celor apropiați. Cu vești proaste, ei vor fi îngrijorați fără a putea ajuta cu nimic; cu o veste bună, s-ar putea să-i înșeli pe ei si pe tine daca nu se adevereste. Oricum, am avut o sărbătoare minunată pentru tatăl meu în acea zi, avind o cina superba la MGM, urmata de de u show superb a lui David Coperfield si petrecând până la primele ore ale dimineții in Casino!

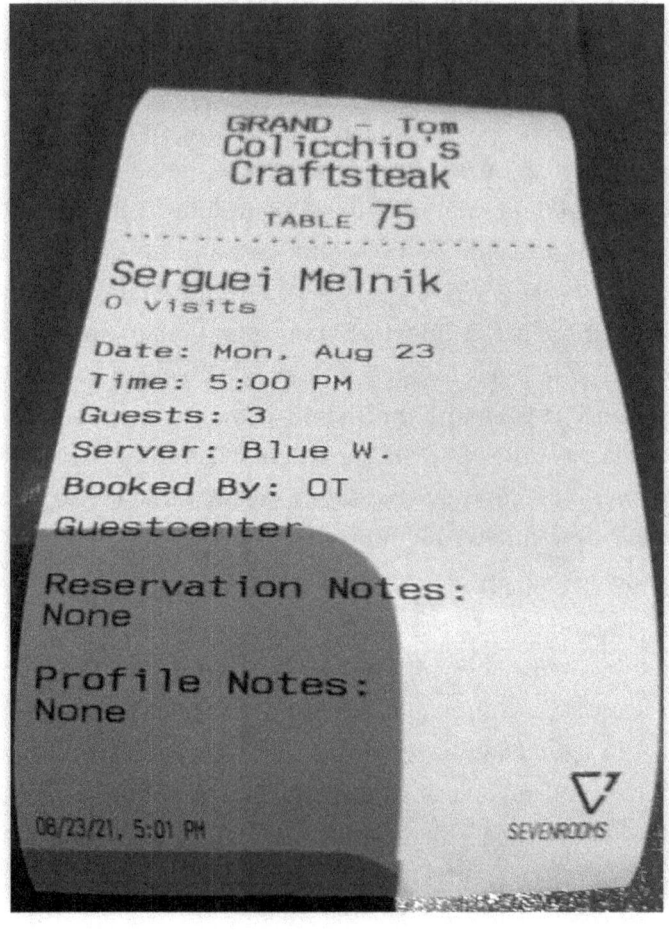

Cred mult in soarta, numarul reservarii mesei primite de ziua Tatalui, care implinea 75 de ani…

Tatal cu feciorul la plimbare prin Vegas, de ziua Tatalui, 23 August, 2021.

Am indeplinit visul Tatalui de a vedea Grand Canyon.

Aproximativ o lună mai târziu, Nutriband a primit aprobarea oficială, iar la 1 octombrie 2021, am devenit o companie NASDAQ. IPO-ul nostru a fost inițiat, am strâns aproximativ 6 milioane de dolari și, aproximativ două săptămâni mai târziu, mi s-a oferit postul de președinte. A fost o serie de lupte adevărate, dar luând în considerare ceea ce m-a condus să trec prin greutăți, s-a revenit întotdeauna la relația mea cu Gareth și la cât de mult am crezut în munca pe care o făceam si inrederea necoditionata reciproca.

Bătăliile Nutriband nu s-au încheiat, dar știm unde ne aflăm în luptele noastre: indiferent de bătăliile care ne pândesc, știm că facem față la tot cu ce ar fi să ne confruntăm.

Pe 1 Octombrie, 2021, Nutriband Inc. I plasat cu succes actiunile sale pe piata
NASDAQ prin IPO. Am sarbatorit cu familia si prietenii.

Eu si Gareth fumand sigara victoriei cu cognac, celebrand listarea companiei Nutriband Inc. pe cea mai prestigioasa piata financiara din lume - NASDAQ. Cognac "Suvorov", de 40 de ani. Acel cognac i-l cumparasem din banii facuti din prima mea tranzactie de success cu Vadim Enikeev in 1999. Profitasem 15,000 de dolari in acea tranzactie si am celebrat cumparand doua sticle de cognac

'Suvorov'. Prima sticla am savurat-o imediat cu Tatal meu, dar a doua am lasat-o pentru o ocazie speciala. Acea ocazia a sosit 22 de ani mai tarziu, Gareth abia avea 10 ani cand cumparasem acel cognac.

CAPITOLUL 8:
Viitorul Nutriband, viitorul meu

Raportând despre cel de-al doilea trimestru din 2022, eram la aproximativ două săptămâni de la 1 octombrie, aniversarea noastră de un an de tranzacționare pe NASDAQ. Poziția noastră de numerar este încă puternică și, deși am ales să respingem orice ofertă dilutivă de strângere de fonduri, veniturile noastre din al doilea trimestru au crescut cu peste 100% în comparație cu al doilea trimestru din 2021. Simțim că suntem pe drumul cel bun și parteneriatul cu Kindeva merge așa cum am plănuit. Am parcurs un drum lung din februarie 2020, perioada pre-pandemică când ni s-a refuzat pentru prima dată intrarea în clubul exclusiv al companiilor care tranzacționează pe NASDAQ.

Ne creștem capacitatea de a aborda probleme reale și de a face schimbări reale. În prezent, ne lansăm într-o societate în comun cu o companie farmaceutică de succes. Fabrica din Carolina de Nord are capacitatea de a produce un milion de plasturi în doar 24 de ore. Obiectivul nostru final este de a crea plasturi transdermici care descurajează abuzul, cum ar fi plasturi transdermici cu fentanil cu eliberare prelungită pentru tratamentul durerii cronice.

3 Decembrie 2021, familia si prietenii sau alaturat sa celebram victoria noastra pe NASDAQ.

Gareth si eu, fondatorii Nutriband Inc., dupa deschiderea pietii NASDAQ cu panoul NASDAQ si Numele companiei noastre pe piata Time Square, New York

Tehnologia plasturelui poate fi adaptată la aproape orice plasture transdermic de pe piață astăzi, fără riscul de abuz sau utilizare greșită. Este o știință radicală care ar putea schimba viața a milioane de oameni. Ideea este de a stabili un nou standard de siguranță pentru opioidele transdermice, dar oportunitatea acestei tehnologii nu se limitează doar la opioide. În cercetarea noastră, am observat mult mai multe produse care ar putea beneficia de această tehnologie, chiar și, de exemplu, prevenirea utilizării greșite accidentale la copii sau a pericolelor de sufocare.

Cu creșterea de care ne-am bucurat până acum, au existat încă lupte în desfășurare. Prima noastră achiziție, cea a Advanced Health, o companie din Ohio, a început cam în aceeași perioadă în care SEC a devenit interesată de noi. Gareth a văzut potențial în Proprietatea Intelectuală a lor (nu înteleageam tot în aplicarea patentelor lor, dar de aceea îl am pe Gareth) și i-am cumpărat pentru cinci milioane de acțiuni în mai 2017, care a costat 25% din acțiunile totale Nutriband.

Advanced Health a venit cu CFO lor, Laura Fillman și avocatul lor, Michelle Polly-Murphy; în cele din urmă ar fi Michelle cea care ne-a dat opinia eronată pe care am prezentat-o SEC pentru a le arăta că produsele noastre nu au nevoie de înregistrarea FDA.

Pe tot parcursul investigației SEC și pentru dosarele ulterioare din 2017 și 2018, ne-am bazat în întregime pe opinia ei în dezvăluirile și argumentele noastre cu SEC. Până în ianuarie 2018, făceam tranzacții și aveam două trimestre în dosar când auditorii ne-au redus prețul de cumpărare a Advansed Health de la 2,5 milioane USD la zero. Au socotit că Advanced Health nu valorează nimic, ceea ce i-a lăsat pe Gareth și pe mine surprinși. Era un asterisc, indicând că prețul ar putea fi revizuit în viitor, dar nu aveam idee despre ce se întâmplă, când eram la jumătatea primului nostru roadshow în New York, ne întâlnim cu o serie de bancheri, am primit prima alertă care nu putea fi ignorată.

În timpul roadshow-ului, am primit o solicitare de a elimina legenda restricției pentru a vinde 100.000 de acțiuni de la cineva numit John Baker. Atunci nu mi-am amintit cine era, așa că l-am sunat pe Gareth pentru a afla mai multe despre John Baker, deoarece nimeni în afară de noi și poate unii dintre membrii familiei noastre și investitorii inițiali, nu aveau poziții atât de mari în acțiuni în companie.

Am aflat că a făcut parte din contractul Ohio cu Advanced Health, ceea ce însemna că va fi considerat un insider. Ca persoane din interior, precum Gareth și mine, nu puteau să vândă astfel de acțiuni; am abordat acționarii pentru a semna un acord de blocare la astfel de inițiative pe viitor. Acestea sunt destul de rudimentare, așa că atunci când am abordat prima dată CFO, Laura Feldman a fost de acord imediat – un semn care a adeverit mai târziu că era singura persoană decentă din companie. Când am abordat-o pe avocata, Michelle Polly-Murphy, aceasta a refuzat să semneze, iar apoi toți ceilalți i-au urmat exemplul și au refuzat de asemenea. Am putut simți că se întâmplă ceva foarte ciudat.

Cu ceva timp mai târziu, Gareth m-a sunat cu o altă problemă: când a verificat IP-ul de la Advanced Health (înregistrarea la Proprietate intelectuală până a deveni Patent înregistrat trebuie să fie reînnoite anual) , acesta a apărut sub numele lui Raymond Kalmar, unul dintre principalii acționari ai Advanced Health, compania pe care o cumpărasem. IP-ul trebuia să fie încă sub Advanced Health, pe care îl deținem noi, așa că l-am contestat pe avocat.

Ea ne-a spus că un transfer ca acesta se poate întâmpla imediat; dar eu i-am reproșat ca nu ar fi chiar atât de ușor. Am văzut în aceasta o oportunitate de a dezlega nodul afacerii, dar înca nu îmi dădeam seama ce nod era. Făceam anumite dezvăluiri cu SEC și IP-ul Advanced Health. Să vedem că numele lui Ray Kalmar apare ca proprietar al IP-ului, la mult timp după ce am achiziționat Advanced Health, a fost un semnal foarte alarmant, așa că am angajat o firmă de avocatură terță pentru a investiga ce se întâmplă exact. O lună mai târziu, am făcut în sfârșit o imagine mai clară a ceea ce se întâmplă: această echipă de la Advanced Health dizolvase compania în ianuarie fără să ne spună. A fost o mizerie uriașă, deoarece a fost un eveniment distinct pe care a trebuit să-l dezvăluim acționarilor prin formularul 8-K în momentul dizolvării. Apoi Raymond Kalmar a pus IP-ul pe numele său, astfel încât să poată beneficia de acțiunile Nutriband și să păstreze în continuare IP-ul, totul fără să ne spună nimic. Am fost depășiți.

Am avut, de asemenea, o verificare a antecedentelor lui Kalmar și a venit cu un istoric îndelungat de crime necinstite în trei state, o condamnare pentru întocmirea unui cec neperformant și două falimente. Kalmar a pretins, de asemenea, că este fondatorul unei fundații caritabile veterane și totuși nu am putut găsi nicio înregistrare a acesteia. Kalmar susține că a efectuat două turnee în Irak, pe care le-a anunțat cu mândrie în timpul audierilor ulterioare în judecată. Singura problemă era că înregistrările arată că Kalmar a fost în Forțele Aeriene ale SUA între 1983 și 1995. Nu erau trupe americane staționate în Irak în acea perioadă, așa că dacă nu ar fi făcut un tur în Irak ca turist, nu ar fi fost posibil.

Kalmar a fost cel mai probabil pradă de slaba înțelegere a istoriei de către oameni și de amintirile primului război din Golf,

Operațiunea Furtuna în Pustiu. Îmi place mult istoria, iar acele evenimente s-au petrecut în primul an de facultate de drept la Universitatea de Stat din Moldova, când aveam aspirații de a fi diplomat. Îmi amintesc acea perioadă în detaliu definitiv, inclusiv câți oameni au pierdut forțele aliate și care a fost mandatul Consiliului de Securitate al ONU pentru eliberarea Kuweitului. URSS era încă în viață atunci, iar mandatul pentru consiliul de securitate era foarte clar: eliberați Kuweitul și nu avansați pe teritoriul Irakului. Este exact ceea ce s-a realizat, iar minciuna cu privire la un subiect atât de sensibil, mai ales în lumina războiului de mai târziu din Irak și a miilor de victime ale SUA, pur și simplu părea deosebit de sinistre pentru Kalmar.

Pentru a înrăutăți lucrurile, Kalmar și un alt fost membru Advanced Health au fost numiți în consiliul de administrație al Nutriband Inc. după achiziția noastră. Știam că trebuie să remediam acest lucru rapid. În primul rând, a trebuit să convocăm acționarii pentru o adunare în iulie 2018 și, de îndată ce adunarea s-a încheiat și noul consiliu a fost ales, a fost adoptată o rezoluție în aceeași zi pentru a anula acordul Advanced Health și a angaja firma de avocatură să depună un proces pentru recuperarea acțiunilor Nutriband emise către Kalmar și companie.

Am răspuns cât mai repede posibil, depunând un 8-K la SEC, anulând tranzacția și pornind un proces pentru a recupera cele 25% din Nutriband pe care le-au luat în schimbul achiziției.

Gareth și cu mine am interacționat destul de des cu Michelle Polly-Murphy când semnam contractul inițial cu Advanced Health, iar ea a gestionat lucrurile cu sentimentul că „totul a fost bine". Întrucât am aflat că într-adevăr totul nu este în regulă, am depus o plângere împotriva ei. Ulterior, a fost concediată de la firma ei de avocatură, apoi suspendată de Asociația Avocaților din Ohio.

În ultimii patru ani, aceastã echipã de la Advanced Health a tranzacţionat acţiunile Nutriband pentru garanţii - în valoare de aproximativ 300.000 de dolari – cu o firmã financiarã pentru a lupta împotriva procesului nostru.

La prima audiere de ordonanţã, prezidatã de judecãtorul Rodriguez cu ultimul sau proces înainte de pensionare, tot ce ar fi putut merge prost a mers prost. Am putut vedea imediat cã judecãtorul Rodriguez nu era deosebit de interesat de detaliile cazului; a fost, totuşi, foarte impresionat de cele douã „turne" ale lui Kalmar în Irak. Pentru Rodriguez nu pãrea sã conteze faptul cã Kalmar şi compania nu au transferat stocul în escrow aşa cum a cerut el, deşi noi am pus 50.000 de dolari dupã cum a fost condiţionat. La un moment dat în timpul audierii, avocaţii noştri i-au indicat acest lucru, Judecãtorul Rodriguez a reclamat scurt: "dar eu sunt confortabil unde sunt actiunile acum", orice ar fi trebuit sã însemne în termeni legali.

A fost o audiere ciudatã , mai ales când puteai sã-l vezi pe judecãtor vorbind mai mult decât pãrţile adverse, amestecându--se constant în proces. În acelaşi timp, Rodriguez saliva asupra grafierei sale, care era o tânãrã destul de atractivã, fãcându-i complimente şi spunând la toti cei prezenţi cât de mult îl invidia pe **urmãtorul** judecãtor care ar avea **şansa** sã lucreze cu ea, fiindcã pentru el acesta era ultimul sãu proces. Ţi se fãcea greatã sã urmãreşti acest jalnic show, unde jalnicul bãtrânel încerca sã-i facã curte tinerei grafiere.

Avocatul advers îsi bãtea joc de noi şi avocaţii noştri luase apã în gurã, el ne-a insultat direct pe mine şi pe Gareth de mai multe ori, fãrã nicio repercusiune din partea avocaţilor noştri sau a judecãtorului. Când avocaţii noştri au adus dosarul crimelor necinstite ale lui Kalmar, a multiplelor cazuri de cecuri false, falimente, s-a întâmplat sã iau contact vizual cu judecãtorul Rodriguez şi, bãiete, asta nu i-a plãcut!

M-a dat afară din sala de judecată pentru că am făcut contact vizual cu el... Ceva amuzant este că din punct de vedere psihologic, totul avea sens perfect. Mi-am amintit citatul din Carl Sagan: „Una dintre cele mai triste lecții ale istoriei este aceasta: dacă am fost înșelați suficient de mult, avem tendința de a respinge orice dovadă a înșelăciunii. Nu ne interesează să aflăm adevărul. Nemernicul ne-a prins. Pur și simplu este prea dureros să recunoști. Odată ce îi dai o putere șarlatanului asupra ta, nu o mai poți recupera niciodată.

Acest judecător a crezut minciunile și nu le-a putut vedea așa cum erau. Instinctele mele erau corecte, iar verdictul judecătorului nu avea sens logic: el a desființat ordinul, a decis să lase acțiunile cu Kalmar și companiei și le-a dat 50.000 de dolari ai noștri, toate în timp ce le-a cerut să emită IP-ul (pe care noi nu le mai doream) pe numele Nutriband Inc.

Pe scurt, avocații noștri, de care am fost atât de nemulțumit după prima audiere, au făcut apel și au anulat verdictul aproximativ un an mai târziu. Pe 27 iunie 2022, aproape exact la patru ani după ce am descoperit frauda pretinsă asupra companiei noastre și a acționarilor săi, am ajuns la ziua în instanță, iar de data aceasta, noul judecător era aproape invizibil în sală, lăsând părțile să expună toate faptele și fiind atent la fiecare detaliu prezentat în cauză.

În acea sală de judecată l-am văzut în cele din urmă pe avocatul nostru - șef, Jay Brennan, demonstrând cea mai bună performanță. Mi-aș fi dorit ca procesul să fie înregistrat, astfel încât să putem derula înapoi și să vedem uimitoarea abilitate de litigiu pe care a prezentat-o. Nu și-a ridicat niciodată vocea, dar fiecare ceartă sau respingere pe care a făcut-o pur și simplu s-a sfărâmat prin retorica avocatului opus. Îl invitasem la audiere pe nepotul meu, Sergiu. Tocmai absolvise UF (University of

Florida) cu un master în antreprenoriat și a fost acceptat să urmeze la Facultatea de Drept de la Universitatea Wake Forest ca student în acea toamnă. Văzând spectacolul de masterclas a lui Jay Brennan, care a practicat avocatura timp de 42 de ani, aș fi putut să - l conving pe Sergiu să intre în litigiu în locul dreptului său comercial plănuit inițial. Știam că va câștiga mult din această experiență, chiar dacă aș fi preferat ca acest **proces** să nu se fi întâmplat deloc. Nutriband a ieșit pe partea cealaltă totuși și sunt extrem de mândru de cât de departe am ajuns ca învingători.

Pe tot parcursul acestui proces, am continuat să mă văd pe mine mai tânăr în persoana lui Gareth, cu actori răi care încearcă să profite de el cu fiecare ocazie. Are o inimă sinceră și este atât de muncitor. A fost o plăcere să lucrez alături de el în toți acești ani.

Mă bucur că am avut la fel de multă experiență în relațiile cu așa oameni de afaceri, precum Ray Kalmar și că aș putea face parte din Nutriband pentru a-l ajuta pe Gareth în această perioadă incredibil de dificilă. Știam că nu putem să renunțăm și să lăsăm o parte din Nutriband în mâinile acestor oameni falimentați din punct de vedere moral și nici nu le-am putea permite să păstreze măcar o acțiune din acțiunile Nutriband.

In iulie 2022 forța noastră în caz a dat roade; a fost o victorie zdrobitoare din absolut toate punctele de vedere. Singurul meu regret este că nu am văzut fața consilierului - șef advers când a citit verdictul.

Ray Kalmar nu a câștigat nimic și urma a întoarce 1,2 milioane de acțiuni, în valoare de aproximativ 15% din companie, tuturor acționarilor Nutriband. Îi avem pe Jay Brennan și pe avocații noștri de la Gray Robinson ca să-i mulțumim pentru această victorie, dar ne ajută să știm că am fost persistenți în a pedepsi comportamentul nefast al lui Kalmar. După ce verdictul final a fost oficial, consilierul advers ne-a contactat cu o ofertă de soluționare: ei vor accepta hotărârea definitivă și nu vor depune recurs atâta timp cât Nutriband nu i-a urmărit pentru daunele noastre legale și de altă natură, cum ar fi 50.000 de dolari "dăruiți" către ei de către judecătorul Rodriguez. Voiam să-l pârjolim pe Kalmar și pe partenerii lui, dar în final, odată ce vom câștiga toate daunele și taxele legale, de la cine le-am colecta?

Această bătălie se terminase; am câștigat definitiv. Am recompensat fiecare acționar cu procentul exact de acțiuni pe care l-am întors din proces și am realizat tot ce ne-am propus.

Înainte de IPO a Nutriband, am avut un vis în care am văzut un Vehicol SUV suberb de frumos de un model și brand necunoscut, stând într-o parcare și, cumva, știam în mod inerent că este al meu. Desigur, am deschis portiera și m-am așezat pe scaunul șoferului, dar spre surprinderea mea, volanul nu era în fața mea. Era la mijloc, între scaunul șoferului și cel al pasagerului. După aceea i-am spus lui Gareth despre visul meu; știam că era un semn că el și cu mine trebuie să conducem Nutriband împreună și mai departe. De asemenea este perfect logic că am stat pe scaunul șoferului în stânga și Gareth, care este din Irlanda, a stat în dreapta - care este partea pe care ei au volanul. Împreună am reușit să sprijinim Nutriband în vremuri grele, iar succesul nostru se datorează faptului că avem încredere unul în altul și în noi înșine față de promisiunile altor persoane.

Acum viitorul Nutriband pare luminos: deschidem o nouă piață în Costa Rica, deschidem o filiala și în Ecuador, iar fabrica din Carolina de Nord are capacitatea de a produce un milion de plasturi într-o zi.

Nutriband colaborează, de asemenea, cu Kindeva Drug Delivery pentru a dezvolta tehnologia noastră AVERSA de descurajare a abuzului în plasturii lor cu fentanil. Căutăm să creștem și să oferim Nutriband creșterea de care are nevoie pentru a deveni un stoc de 1.000 USD pentru o acțiune; acesta va fi următorul nostru summit de cucerit. Va continua să fie o luptă, dar știu că nu vom fi descurajați de nimeni. Drumul care ne-a adus până acum părea imposibil, dar rezistența și determinarea noastră au fost doar întărite de aceste mari obstacole și succese care au urmat. Dacă ai de gând să visezi, ai putea la fel de bine să visezi mare, în fine e acelasi efort. Nu vă limitați așteptările.

Mă opresc adesea să mă gândesc și la propriul meu viitor. Prin toate acestea, de la zilele mele în Moldova până la Nutriband, am luptat atât de mult pentru ceea ce credeam că este corect și, chiar și în pofida acelor lupte grele, încă simt că cele mai mari realizări ale mele sunt copiii mei.

Am un adevărat sentiment de sine de la construirea unei relații cu ei, mai ales în moduri pe care tatăl meu nu le-a făcut niciodată cu mine. Văd asta când îmi chestionez în mod constant copiii în timp ce îi conduc la școală. Am o dragoste profundă pentru muzica clasică și, pe măsură ce piesele se transmit la radio, îi fac să-mi spună numele fiecărei piese și autorul ei. „Zborul bondarului" a lui Korsakov a evoluat recent și l-am întrebat imediat pe fiul meu. „Este Bumblebee, tată", a gemut fiul meu de parcă ar fi fost prea ușor.

În altă zi fiica mea juca un joc când a început să se joace „Morning Mood" a lui Grieg, la care a exclamat „Morning Mood!" odată ce a recunoscut piesa. În cele din urmă, copiii mei se vor plictisi să-i întreb tot timpul, dar sper că vor aprecia aceste cunoștințe mai târziu pentru că muzica clasică face parte din echilibrul meu de zi cu zi și vreau să le transmit și lor.

Interesant fusese ce imi provocase dragostea fata de muzica clasică. In anul 1986, pe când parinții mei treceau prin calvarul concedierilor urmate dupa arestul Tatălui, pentru a ne proteja pe mine si pe sora mea mai mică, părinții ne-au trimis la odihnă la tabăra pionerească în Sergeevka, Ucraina. Dupa ce ne separaseră dupa gen și vârsta, am fost trimiși în detașamente separate. In detașamentul în care nimerisem era un baiat, cu prenumele Musulbas. Straniu prenume avea, nu am auzit asa prenume nici pâna la el, nici dupa el, nici nu-mi amintesc de numele lui, deoarece toți îl numeau după prenume. Baiatul cela era din cei pe care profesorii îi numesc "probematici". Tot timpul nimerea în tot felul de peripetii, tot timpul la un pas ca sa-i fie chemați părinții ca să-l ia acasă. Intr-o zi Musulbas a găsit un acordeon în camera care era rezervată pentru odihna instructorilor din tabără. Cum nimerise acolo e altă întrebare, dar ceea ce a urmat mi-a schimbat o parte din viața mea pentru totdeauna. Musulbas a luat acordeonul și toți care eram lângă acea încăpere am fost hipnotizați de performanța cu care a interpretat Marșul Turcesc al lui Mozart. Instructorul nostru a venit în grabă și el a înțepenit în ușă cu gura căscată de mirare și a stat așa până Musulbas a terminat piesa…" Musulbas și - a arătat talentul"… a murmurat el. Dupa aceea Marsul lui Mozart a deventi piesa oficiala a detașamentului nostru, mergeam în marș fluierând notele marșului. Am câștigat și concursul la "Stroievaya pesnya", ori așa aș vrea să-mi amintesc. Datorită lui Musulbas, mi s-a trezit dragostea pentru muzica clasică, pe care o păstrez și azi.

Mulți ani în urmă, cu vreo cațiva ani înainte de a-l avea pe Dumitras, jucam într-o echipă de fotbal mexicană. La unul din antranamente jucam cu copiii proprietarului echipei, care să fi avut vreo 15-16 ani. Vorbeau foarte slab engleza cu un accent foarte pronunțat. La un moment începusem să vorbesc spaniola cu ei, dar spre mirarea mea, ei nu vorbeau spaniola și, spre oroarea mea, ei vorbeau engleza exact cum o vorbeau părinții lor, deși fusese crescuți în SUA. Ajungând acasă dupa antrenament, am rugat-o pe Jazmina să-mi promită că în viitor când o sa avem copii, nu o sa vorbim cu ei niciodata în engleză. Ea să vorbească spaniola, limba ei maternă, și eu -romăna… așa și a fost, când Dumitras a călcat pragul școlii pentru prima dată la 5 ani, vorbea la perfecție două limbi: romăna și spaniola si nici un cuvant in engleza. Regula aceasta a rămas în vigoare pentru totdeauna și pretutindeni, nu e ușor, de multe ori copiii ne răspund în engleză, dar de la mine sau Jazmina engleza ei o aud foarte rar. Ambii vorbesc trei limbi.

Chiar și cu aceste cunoștințe, știu că există o lecție importantă în menținerea viselor din copilărie. În urmă cu aproximativ trei ani, când fiul meu, Dmitri, avea nouă ani, s-a întors de la școală și a început să pună sub semnul întrebării existența lui Moș Crăciun. Nesigur de ceea ce auzise de la prietenii lui de la școală, m-a întrebat timid dacă Moș Crăciun este adevărat. Deodata mi s-a actualizat memoria când eu prima dată am auzit că Moș Crăciun nu e adevărat și chiar cine mi-a spus mi-am amintit, Artur Scripnic, pe când eram în clasa întăia, la numai 7 ani. Mi-am amintit cât de șocat am fost și cum am venit acasă s-o întreb pe Mama, răspunsul ei nu a fost clar de loc, dar am înțeles că Artur avea dreptate.

Stiiind de șocul prin care am trecut eu, fiind puțin mai tânăr ca Dumitras la momentul cela, i-am spus: „Ce zici de Crăciunul acesta, zburăm la Polul Nord pentru a-l vizita pe Moș Crăciun?"

Am făcut imediat aranjamentele, iar în ziua de Crăciun din 2019 am zburat la Rovaniemi, Laponia, pentru a-l vizita pe Moș Crăciun. Copiii s-au distrat de minune și am rămas în Finlanda până pe 3 ianuarie, schiând, călărind cu renii și sărbătorind magic Anul Nou la o veche mină de aur. Am făcut tot posibilul pentru a oferi copiilor mei cea mai inspirată vacanță de Crăciun. După ce l-am văzut pe Moș Crăciun, l-am întrebat pe Dmitry: „Deci, dacă cineva se îndoiește vreodată de existența lui, ce îi spui! „Le voi spune să meargă să vadă singuri", a spus Dmitry.

Acesta este un comportament pe care părinții mei nu l-ar fi încercat niciodată pentru sora mea sau pentru mine. În comparație cu cât de ocupat era tatăl meu când eram copil, copiii mei sunt o prioritate când vine vorba de împărțirea timpului meu.

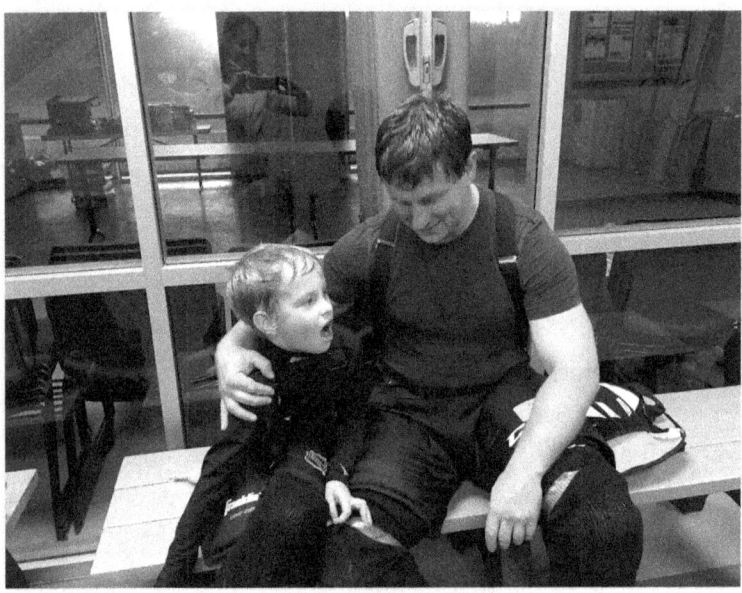

Atunci cand inca ma mai puteam tine de fiul me pe ghiata.

Momentul care pur si simplu nu puteam sa-l pierd. Am avut norocul
sa o scot pe Princesa mea pe ghiata prima data.

Decembrie 2019, Intilnirea cu Santa Clause.

Am avut odată o întâlnire foarte importantă în Moldova, aranjarea achiziției celei mai mari companii aeriene din țară, Air Moldova. Cu publicitatea pe care o obținusem de la candidatura pentru a fi șef al Băncii Centrale a Moldovei, am putut obține o afacere bună pe baza faptului că le-aș aduce public pe piețele financiare din SUA. La acel moment, identificasem deja pentru ei o NASDAQ SPAC (companie de achiziții cu destinație specială) cu 100.000.000 USD și alte 200.000.000 USD în obligațiuni de emis.

SPAC a fost încântat de cifrele preliminare pe care le-am trimis și tot ce a rămas a fost să primească cifrele reale de la o companie de audit. Din păcate, bilanțul financiar de după privatizare a arătat o mizerie totală: a lipsit un număr semnificativ de înregistrări până din 2014. Era din ce în ce mai clar că auditarea Air Moldova nu va fi un eveniment de câteva luni, ci mai degrabă, câțiva ani. De asemenea, la un an de la privatizare, atmosfera politică s-a schimbat, aruncând întreaga afacere "în limbo".

În timpul acelei întâlniri ale Air Moldova din august 2018, a trebuit să stau mai mult pentru că înțelegerea să se întâmple, dar în unul din acele weekenduri știam că trebuie să fiu în Orlando, deoarece fiica mea era pe cale să ajungă pe gheață de a patina pentru prima dată.

Era o zi de joi și i-am spus reprezentantului legal al clientului meu că ratarea unui astfel de moment nu era acceptabilă, așa că am zburat din Moldova într-o vineri dimineață, iar sâmbătă dimineața, eram cu fiica mea la patinoar. Duminică am zburat înapoi în Moldova, iar luni după-amiază am fost înapoi în birou la Chișinău. A fost un vârtej, dar am trăit primul moment de patinaj cu fiica mea, a meritat toată călătoria și efortul meu, încă îmi pot imagina zâmbetul și bucuria ei din acea zi.

De asemenea, rareori lipsesc la meciurile de hochei ale fiului meu, deoarece visul meu era să-l văd patinând și jucând hochei. Cînd am copilărit, în Moldova nu a existat nici un patinoar. Patinam pe lacurile înghețate când puteam iarna, dar să jucam hochei mai serios ar fi fost un vis nerealizabil. Acum fiul meu poate patina după pofta inimii și știu că i-am oferit oportunități pe care nu le-am avut niciodată când eram copil.

Cu Nutriband încă una dintre prioritățile mele principale, Gareth a văzut cât de importanți sunt copiii mei pentru mine și i-am spus că ei sunt viitorul meu. Gareth este mai tânăr decât mine și nu are încă copii, dar am avut grijă să-i dau sfaturi în care cred cu adevărat: „O să te obișnuiești cu succesul în afaceri și cu un cont curent mult mai mare, dar această bucurie copleșitoare se va diminua în cele din urmă. O să te obișnuiești să fii bogat, dar în fiecare zi și noapte cu copiii tăi, te vei trezi cu acea bucurie care nu dispare niciodată. Copiii mei mă fac să mă simt împlinit.

Mă uit la cariera mea, construind companii, ducându-le la NASDAQ și sunt mulțumit de munca mea, dar când mă uit la copiii mei, mă simt ușor – mă simt complet.

Concluzie

Există o zicală rusă despre a judeca modul în care un bărbat își trăiește viața: „Un bărbat este caracterizat de patru situații: cum luptă, cum numără banii, cum își privește copiii și cum părăsește o femeie".

Mereu am fost un luptător. Am început prin a lua acest principiu la propriu, devenind un campion la judo și lupte în adolescență, centura neagră de gradul doi la treizeci de ani și un luptător de jiu-jitsu la patruzeci de ani. Am avut meciuri fizice și certuri care mi-au ghidat soarta, dar există un aspect al spiritului luptei care străbate viața însăși. Fie că lupt pentru un loc pentru fiul meu într-o echipă de hochei de elită care este afectată de nepotism din partea antrenorilor și chiar a părinților care sunt mici oficiali ai guvernului local (care sunt în mare parte irelevanți în serviciul public, dar „puternici" în consiliul de conducere a echipei de hochei de juniori) sau în lupta litigioasă împotriva Advanced Health pentru a recupera 15% din compania noastră, a te uita în oglindă după tot prin ce ai trecut și a vedea că ai fost fidel principiilor tale este adesea adevărata victorie. Fiecare luptă lasă o cicatrice pe care o vei purta tot restul vieții, dar este un marker al experienței și o amintire că trăiești pentru a lupta în o altă zi.

Toată lumea luptă din motive diferite și mulți se luptă pentru a acumula cât mai mulți bani pe care pot pune mâna. Am întâlnit mulți oameni care sunt mânați de convingerea că nu au suficient și nu vor avea niciodată. Mi-am pus încrederea în acești oameni și am fost tratat în mod repetat ca și cum aș fi doar un obstacol în calea următoarei lor afaceri mari, când aș fi putut fi un aliat. De asemenea, împrietenindu-mă cu oameni de afaceri cinstiți și loiali, am reușit să-mi perfecționez capacitatea de a identifica oamenii care te vor folosi în beneficiul lor. Dacă aș putea să le dau copiilor mei vreun sfat, ar fi să nu se împrietenească niciodată cu oamenii lacomi; cei care au doar bani în minte te vor trăda sau te vor vinde aproape pe nimic, adesea în cel mai inoportun moment. Am învățat să iau banii foarte în serios, dar totuși banii în sine nu pot fi niciodată ținta; este doar un mijloc, un instrument, o energie. Cine crede că banii pot atrage cumva fericirea nu a avut niciodată bani cu adevărat. Nu vreau niciodată ca copiii mei să simtă lipsurile pe care le-am avut în viața mea. Soția mea este îngrijorată că copiii noștri nu înțeleg cu adevărat valoarea banilor, dar faptul că pot crește separat de astfel de gânduri și griji mă face să mă simt extrem de realizat.

Am plecat in Quito, Ecuador impreuna cu familia si prieteni pentru a celebra aniversarea de 25 de ani a nuntii noastre in acelas local unde am jucat nunta pe 21 Decembrie, 1996.

Aceias Mire si Mireasa, aceias tara, acelas oras, acelas local, chiar si acelas tuxedo al Mirelui cu niste mici alterari… numai cu 25 de ani mai devreme

Nunta de Argint, Decemberie 17, 2021

Concluzie   115

Centrul Universului meu

Copiii mei sunt centrul absolut al universului meu, trăgându-mă constant spre o fericire mai mare cu dragostea și propria lor pasiune pentru viață. Întregul meu program de lucru este construit în jurul lecțiilor de pian, patinaj, hochei și orice alte evenimente din viața copiilor mei. Așa a fost să fie de când s-au născut și sper să păstrez așa cât de mult pot, familia mea fiind cea care mă face împlinit. Dacă cineva s-ar uita la mine acum dintr-o parte, va vedea că sunt exact în locul în care vreau să fiu; sunt destul de norocos să am tot ce mi-aș putea cere vreodată. De multe ori mă prind la gândul că mă privesc de tânăr, poate chiar copil, școlar la mine acum și mă gândesc în mintea mea de copil de atunci, "bătrâne, am făcut-o bine..." Fiul meu și fiica mea sunt cele mai strălucitoare două puncte de lumină din viața mea și mă vor ghida până la capăt.

116   DRUMUL SPRE KILIMANJARO

Acum, când vine vorba de aspectul final al citatului rusesc, cum un bărbat „lasă o femeie", sunt norocos că nu am prea multă experiență în acest sens. Am avut prietene când eram tânăr, dar relația mea cu Jazmina este o căsnicie de colaborare și pasională, construită pe încredere, înțelegere și comunicare. Personal, sper să nu învăț niciodată mai multe despre părăsirea unei femei în acel sens tradițional; totuși, voi spune că m-am simțit pierdut când am lăsat în urmă pe cineva la care țineam foarte profund: bunica mea.

Mă gândesc adesea la casa buneilor mei și la acea amintire - cheie de a mă trezi și de a vedea soarele curgând înăuntru cu vântul care suflă prin ferestrele deschise ale casei, auzind hulubii sălbatici și găinile cotcodăcind. Ascultându-mi bunicii pregătind un mic dejun cu fructe proaspete și pâine, am simțit o astfel de liniște care continuă să rezoneze în mine și acum. Familia mea și-a petrecut fiecare vară la acea casă și din această cauză, am amintiri despre o familie mare și unita, pe care multe familii nu le au.

Moartea bunicii a fost deosebit de dureroasă pentru mine; ea m-a crescut până la vârsta de trei ani și a fost o adevărată matriarhă care conduce familia. În mai 1995 ne adunasem întreaga familie pentru a o întâlni pe Jazmina pentru prima dată și pentru a mă vedea după ce am fost plecat în străinătate timp de un an. A fost ultima dată când familia a fost împreună cu toții și am fost destul de norocoși să avem poze și videoclipuri de la această petrecere. Toți acești ani mai târziu, îmi amintesc când într-o dimineață frumoasă de primavară târzie în Florida m-a trezit din somn un apel de telefon de la sora mea că a mea bunica murise. Imediat durerea mi-a străbătut inima când am simțit o pierdere incomensurabilă.

In iunie 1995 Jazmina a facut cunostinta cu familia mea in Moldova. Automobilul din fotografie este GAZ 69, Bunelul meu a strans acest automobil din bucati, a asamblat de unul singur toate piesele inca la inceputul anilor 60 al secolului trecut. Dupa moarte buneilor, verisorul meu Viorel a mostenit masina Bunelului. Mai tarziu am cumparat acest automobil de la verisorul meu pentru o suma simbolica, cu conditia de niciodata a nu o vinde. Unica ce am schimbat in automobil a fost motorul, restul a ramas asa cum era in timpul bunelului. De fiecare data can ma urc in masina, mirosul, detaliile care le ating ma aduc din nou in copilaria mea fericita din sat.

Primul lucru care mi-a venit în minte după acel apel a fost o amintire pe care o aveam despre bunica mea care mă îmbrăca când aveam doar vreo trei ani. Ea spunea: „Acum ești un copil, dar apoi vei crește mare".

„Da", am răspuns.

„Și apoi, ca toată lumea, vei îmbătrâni", a spus bunica.

„Da", am spus, „și apoi mă voi naște din nou si o sa fiu iara mic".

„Nu", mi-a spus ea. „Din păcate, atunci mori."

Desigur, nu am înțeles noțiunea de moarte, dar acum că au trecut ani de zile, am o înțelegere mai bună a acelui pas în viață care este inevitabil. Este foarte dureros și extrem de trist, dar nu este sfârșitul. Totul nu se oprește dupa moarte chiar și a celei mai apropiate ființe; viața continuă să meargă înainte.

Tot ce s-a întâmplat după apelul surorii mele despre bunica mea a fost atât de ușor de parcă cineva de sus avea grijă că la durerea pierderii bunicii să nu se mai adauge incovieniența logisticii: cumva toată lumea a putut ajunge rapid în Moldova, fără nicio problemă. Părinții mei tocmai urcau într-un zbor de legătură în Budapesta, Ungaria către Statele Unite, așa că li s-a permis să coboare din avion pentru a ajunge în Moldova în aceiasi zi. Am procurat imediat un bilet, zborul meu nu a avut întârzieri, iar toata familia mea s-a putut reuni într-un moment în care aveam cea mai mare nevoie unul de altul.

După ce ambii mei bunici au murit, unchiul meu a vrut să vândă acea casa din sat de care am avut legate toate acele amintiri grozave. Am făcut o înțelegere cu unchiul meu, astfel încât casa bunelilor să devină a mea, deși nimeni nu va locui acolo. Va rămâne în familie și poate fi un loc în care împărtășesc amintiri cu proprii mei copii și cu generațiile viitoare.

Desigur, mi-aș dori să o am pe bunica în viață, dar nu așa funcționează viața. Viața continuă și, indiferent de greutăți, a trebuit să-mi trăiesc viața, să-mi parcurg calea care mi-a fost destinată.

Nu am regrete pentru trecut; mă trezesc în fiecare dimineață cu bucurie pentru ziua respectivă și visând la viitorul meu. Un rezultat negativ este tot un rezultat; greșelile sunt pur și simplu încercări de a învăța să faci mai bine data viitoare.

Lucrurile bune nu ți se întâmplă doar de la sine. Trebuie să muncești din greu pentru tot ceea ce vrei să obții, iar apoi, în recunoștința și împlinirea muncii tale, poți găsi efectiv fericirea. Oricare ar fi lucrurile rele care s-au întâmplat în trecutul tău, trebuie să depășești pentru că poate ți s-au întâmplat cu un motiv; nu sunt accidente intamplatoare. N-ar fi trebuit să-l lovesc pe acel elev de la discotecă, dar sunt la locul unde mă aflu astăzi datorită acelui incident.

Din cauza acelui pumn, am plecat din Moldova în Statele Unite, ceea ce era cu adevărat un vis când eram mai mic și părea că nu ar putea fi niciodată realitate.

Mi s-au oferit oportunități și am profitat ori de câte ori am putut, de la interviul în engleză la universitate până la întâlnirea cu Gareth în Las Vegas. Dacă nu aș fi nimerit la acel interviu, nu aș fi venit niciodată în Statele Unite. Dacă aș fi decis să merg la scufundări in Cancun de Ziua Recunoștinței, în loc să merg la Las Vegas, nu l-aș fi întâlnit niciodată pe Gareth și nu aș fi făcut parte din Nutriband. Gareth și-ar fi vândut acțiunile companiei și nu ar fi avut controlul necesar pentru fabricarea plasturilor Nutriband. In fine, rămân satisfăcut și nespus de norocos pentru locul în care mă aflu acum.

Asta nu înseamnă că nu au existat bătălii pe parcurs. După cum ați văzut, am fost testat și am făcut multe greșeli, dar cu toate acestea mi-am păstrat moralitatea și decența în afaceri.

Știu că dacă ar fi să merg pe același traseu pe care le-au făcut Vadim sau Kalmar, nu aș lua o decizie corectă. Aceste tranzacții de profit rapide nu dau de obicei roade și in majoritatea cazurilor ajung să vă creeze o mulțime de probleme pe viitor. In concluzie menționez că trebuie să trăiești împăcat cu tine însuți. Dacă aș fi urmat calea cea mai ușoară și lipsită de etică, știu că nu aș fi fost eu acela. Aș fi dezamăgit nu doar de mine, ci aveam să mă simt prost în fața familiei mele și restul persoanelor care îmi sunt cei mai dragi.

Dacă m-aș confrunta din nou cu aceleași probleme, le-aș aborda diferit. Aș fi putut să rezolv fiecare dintre afacerile mele din trecut cu cunoștințele pe care le am acum și ar fi avut un mare succes. Pur și simplu nu știam cum să reacționez la momentul respectiv, pentru că nu aveam experiența necesară sau, după cum am aflat mai târziu, cicatricile necesare ale vieții.

Acum am avut destulă trădare în viața mea pentru a ști ce este o experiență dureroasă, mai ales dacă este cineva în care ai încredere completă și necondiționată. Când se întâmplă acest moment , primul lucru pe care vrei să-l faci, indiferent cine sunt trădătorii, este să le oferi o altă șansă. Sfatul meu acum ar fi să nu faci asta, se poate repeta din nou și la sigur se va repeta din nou. În afaceri și în viață, trebuie să fii precaut tot timpul și să te asiguri că știi cu cine lucrezi sau cu cine ai de-a face. De asemenea, trebuie să fii foarte norocos să cunoști oamenii potriviți. Oricine care ajunge chiar și la un succes moderat și neagă că norocul a avut vreo legătură cu el se păcălește dur pe el isuși.

Dacă aș fi avut recomandări de încredere, așa cum am făcut cu Gareth, aș fi ales parteneri de afaceri complet diferiți, dar numai cu experiență pot împărtăși această înțelepciune. Toate aceste experiențe te fac ceea ce ești și bune sau rele, în dependență de cum reacționezi la ele, te vor ghida pe propriul tău drum. Dacă reușești să treci peste greutăți și greșeli continuând să prețuiești binele și bunătatea, poți trăi o viață cu fericire reală, fără regrete. Din cauza experienței anilor petrecuți pe acest pământ, am făcut primul meu milion care m-a ghidat către Muntele Kilimanjaro. În fine, poți privi din vârful muntelui, dar priveliștea poate fi apreciată cu adevărat doar dacă tu ai fost cel care ai urcat în acest vârf.

Ascensiunea pe Vârful Muntelui Kilimanjaro: Reflecție

Muntele Kilimanjaro este cel mai înalt *munte din Africa, având 5.895 de metri. La acea* înălțime, *este acoperit cu ghețar de zăpadă* și *este cea mai mare* înălțime *de munte de sine stătător din lume.*

Când am ajuns prima dată în Tanzania, ne-am luat primele trei zile pentru a vizita Ngorongoro și participa în Manyara Safari. Știam sau, mai bine spus, bănuim că după acele trei zile în paradis, observând lei, elefanți, girafe și alte animale, ne vom confrunta exact cu opusul. Aceasta ar fi, probabil, cea mai provocatoare aventură din viața noastră. După safari am călătorit la Arusha, unde aveam să petrecem ultima noapte înainte de a fi transportați la poarta Parcului Kilimanjaro în dimineața următoare.

La sosire, am fost informați despre detaliile ascendenței de echipajul expediției; prietenii mei și cu mine am simțit că suntem pregătiți pentru călătoria care urmează. M-am antrenat pentru drumeție de luni de zile, o parte din pregătirea mea fiind lupte jiu-jitsu, ceva ce nu mai făcusem de când au intrat restricțiile COVID. Eram conștienți de riscuri, dar încă credeam în propriile noastre abilități și determinare. Echipajul ne-a condus prin gravitatea călătoriei noastre: ar fi frig și greu de respirat, iar noi am fi complet îndepărtați, așa că să fim transportați de pe munte cu elicopterul în caz de urgență nu ar fi o opțiune. Traseul nostru, traseul Lemosho, a fost al doilea cel mai greu dintre poteci. Trebuia să ajungem la vârf în a șasea zi și să fim înapoi la porțile parcului la a șaptea zi. Chiar m-am simțit puternic, știind ce înseamnă această călătorie. A fost o recunoaștere a mea și a ceea ce am reușit să realizez cu propriile mele forțe.

Safari

Maassai

Într-adevăr, drumeția și urcarea au fost mai grele decât am crezut că vor fi; aerul subțire aproape că ne-a pus în genunchi cu rău de înălțime. Dacă nu aș fi fost în formă de judo și jiu jitsu, m-aș fi văzut întâmpinând probleme reale pentru a ajunge la vârf. Am visat să-mi iau fiul cu mine în această călătorie cândva în curând, dar, fiind un bărbat matur în formă bună, confruntându-mă cu ascendența, știam că fiul meu nu era pregătit pentru intensitatea muntelui. Am escaladat zone care erau foarte dificile chiar și cu ajutorul echipajului expediției, îmbrățișând stâncile în timp ce urcam pe peretele Barranco (Baranco Wall). După toate cercetările mele despre Kilimanjaro, totul mi s-a părut destul de familiar: să văd un obiectiv pe care mi-am dorit foarte mult să-l ating, depășind obstacolele la fiecare pas.

Planul cuceriri Muntelui Kilimanjaro

Umbra de dimineață, toată ziua e înainte

Am escaladat muntele pe segmente: am început călătoria vineri dimineață, iar până marți după-amiază am ajuns în ultima tabără, Tabăra Barafu la 4.673 de metri. Ne-am odihnit până la ora 23, am luat o cafea și o mică gustare și am început ultima urcare spre vârf la miezul nopții. Trebuia să ajungem la vârf până la răsăritul soarelui. Vârful Uhuru era la doar cinci kilometri distanță, dar acesta ar fi cei mai grei cinci kilometri pe care i-am străbătut vreodată. Am făcut drumeții pentru următoarele șase ore printr-o noapte neagră, călcând cu atenție în timp ce urcam ultima porțiune a muntelui pentru a ajunge la Vârful Uhuru.

În primele două ore, chiar mă bucuram de plimbare, uitându-mă uneori la cerul magnific și punând urări stelelor căzătoare, dar după două ore, când am trecut de marcajul de 5.000 de metri altitudine, imediat am simțit că a devenit extrem de greu. Respiram din greu mai ales sub greutatea hainelor mele. Uneori îmi aminteam de pregătirea de 3 luni până la Kilimanjaro de jiu-jitsu, unde aveam vreo două sau trei lupte de cinci minute la rând, apoi apărea lipsa de oxigen și mă făcea să vomit, așa că aș pasa peste următoarea luptă și să mă odihnesc... Numai că, pe munte, nu se sare nimic, nu era odihnă și mai erau cinci ore de luptă constantă.

Uneori linia dintre realitate și vis s-a estompat în timp ce ne-am împins să punem un picior în fața celuilalt. În jurul orei 3 dimineața, apa noastră a înghețat complet, deoarece ne confruntam cu temperaturi de aproximativ -15 grade Celsius și vânturi puternice. Ultimele două ore înainte de a ajunge la Stella Point au devenit o neclaritate delirantă. Mă rugam în mod constant în tăcere, recitând „Tatăl nostru" în minte, iar și iar. Îmi aminteam de cina cu Igor când am auzit pentru prima dată istorisirile cățărării pe Kilimnajaro de la acel american. Îmi amintesc în mod clar că au fost spuse cuvintele „umblare ușoară până în vârf" - nu a fost nimic ușor în asta, de fapt a fost foarte și foarte greu. Cel mai strașnic e să ajungi la așa o înălțime, dar să nu poți ajunge în vârf, niciodată nu știi sigur cum va reacționa organismul tău la altitudine înalta, poți să fii în cea mai superbă formă, dar dacă ai avut nenorocul să începi a vomita, ascendența se termina imediat. Într-un moment am întrebat pe ghidul principal dacă se poate de sorbit puțin oxigen din canistrele pe care le ducea echipajul, el mi-a spus clar că da, numai că dacă sorbesc, în sus nu mai pot merge, dacă sorbesc, plec în jos… Toate cele 5 zile de traseu ne-au adaptat la înălțime pe cât se poate, acum trebuia să am încredere în organismul meu și puterile mele.

Tocmai se lumina când am făcut ultimul pas și am ajuns la Stella Point. Am fost întâmpinați cu vânturi puternice și cu un bubuit puternic și constant, care ne-a forțat să țipăm doar pentru a ne putea auzi. Am depășit creasta și, din acel punct, a mai fost cam o oră de mers până la Vârful Uhuru.

După aproximativ 20 de minute de mers pe jos până la vârful Uhuru, m-am oprit și mi-am pregatit GoPro pentru a captura răsăritul soarelui. Apoi s-a întâmplat. Sentimentul care m-a învăluit este greu de descris: m-am simțit ca și cum aș fi brusc încărcat cu 1.000.000 de volți și lacrimi izbucneau din ochi fără ca să le pot contola. Am fost lovit de un aflux de energie atât de mare încât am simțit că pot să fac jogging din acel punct până la vârf.

Stând pe vârful Kilimanjaro, era o priveliște ciudată de privit: munte de sub noi părea un peisaj extraterestru plin de cratere și stânci, iar norii acopereau restul lumii, creând această insulă pe cer. În timp ce soarele portocaliu nuanța limitele finale ale orizontului, dând loc cerului albastru, m-am întrebat cum am ajuns eu să fiu chiar la limitele Tanzaniei. De la un orășel mic din Moldova, Edinet până la cel mai înalt punct din Africa, mi s-a amintit cât de departe am ajuns în ciuda tuturor pedicilor împotriva me. Nu voi uita niciodată acel moment de triumf. A fost umilitor să văd tot ce am realizat și lumea se întindea în fața picioarelor mele.

Ne-am oprit în vârful muntelui pentru ca fiecare dintre noi să reflecteze asupra călătoriei noastre, să apreciem priveliștea și, desigur, să facem fotografii. Am adus cu noi un steag al Moldovei și un steag cu sigla Nutriband, mi s-a părut important să aducem aceste detalii cu noi până la vârf. Nu au adăugat prea multă greutate pachetelor noastre, dar au reprezentat atât de mult. A fost deosebit de important pentru mine să prezint steagul Nutriband, deoarece este un adevărat moment de certitudine pentru mine la ceea ce poate fi realizat în fața adversității, dacă aveți alături oamenii potriviți. M-am gândit la părinții mei, care întotdeauna mi-au susținut educația; frumoasa mea soție Jazmina, care mi-a încurajat toate afacerile; cei doi copii ai mei, care sunt lumina vieții mele și cele mai mândre realizări ale mele. Abia așteptam să-mi văd familia și să împărtășesc tot ce am simțit și am văzut în vârful muntelui. În timp ce înregistram priveliștea de la vârf cu GoPro-ul meu, m-am auzit gândindu-mă cu voce tare: „Deci, așa se simte când ești pe vârful lumii..."

Pe drumul nostru în jos, nu a fost o coborâre rapidă. După patru ore, am ajuns la tabăra pe care o părăsisem la miezul nopții. Odată ce am mâncat un prânz rapid la Tabăra Barafu, a trebuit să coborâm la o altitudine de 3.200 de metri până la ultima tabără. Până la sfârșitul acestei etape de șapte ore de coborâre, simțeam durere la fiecare pas (pierzând ulterior trei unghii de la degetele de la piciaore). Acest lucru nu a făcut decât să ne agraveze boala de înălțime, ajungând până la punctul de vomitare pentru unul dintre prietenii mei. Opririle dese au însemnat că nu vom ajunge în tabără înainte de apus. Am fost alături unul pe altul, încurajându-ne unul pe celălalt să continuăm să mergem înainte pe potecă. Am ajuns la ultimul nostru loc de campament după ce era deja întuneric. Eram complet epuizați. Unul dintre prietenii mei s-a prăbușit în cortul lui imediat. Eu și celălalt prieten al meu am încercat să luăm niște supă pregătită pentru noi, dar după câteva înghițituri, și încercări de a lega doua vorbe ne-am întors la corturi și am urmat exemplul primului prieten. Salteaua și sacul de dormit s-au simțit mai moi și mai confortabile decât oricând în timpul celor 7 zile. Ne-a trezit cântatul de păsări, un alt lucru pe care nu l-am auzit în ultimele patru zile; eram în pădurile cu nori din Kilimanjaro. Când ne-am trezit, ne-am simțit întineriți, iar următorii 10 kilometri până la poarta Parcului Național Kilimanjaro, chiar și sub ploaia torențială, a parut o legeră „plimbare în parc". Am ajuns la hotelul nostru Arusha joi după-amiază și, în aceeași noapte, dupa o baie cu apa calda la care am visat 7 zile, am zburat spre Istanbul.

În Istanbul, Turcia, am completat un alt element de pe lista mea de găleți: am vizitat Hagia Sofia, construită inițial de împăratul roman Justinian I. Mi-am revenit din călătorie și am revenit la civilizație înainte de a mă urca într-un avion înapoi în SUA trei zile mai tarziu.

Am pornit spre Kilimanjaro consternat că nu mi-am putut aduce copiii în această călătorie. Să-l văd pe fiul meu făcând drumeții alături de mine ar fi fost o bucurie supremă, dar mi-am dat seama curând că aceasta nu era încă drumul pentru el. Cred că această excursie către vârful Kilimanjaro a fost menită pentru propria mea reflecție personală. Mi-au fost necesare o anumită forță și experiență pentru a vedea că am ajuns într-un punct în viața mea în care pot sta bine pe picioare și mă pot simți mândru de tot ceea ce am realizat.

Acum, după ce ne-am întors din Tanzania, se pune întrebarea „Ce urmează?" Nu este o întrebare ușor de răspuns, deoarece viitorul este în mod inerent necunoscut; de asemenea, nu mi-am pus următorul obiectiv pe care să-l ating. Nu caut să pun un alt număr pe care să-l pot indica și să-i fac semnalul unui alt munte de urcat.

În schimb, acum am ceva la care versiunea mai tânără a mea ar fi visat: o familie cu o soție frumoasă și doi copii. Dacă caut următorul munte, trebuie să fie unul pe care îl putem urca cu toții împreun, altfel nu va avea niciun sens pentru mine.

Să fi putut urca Kilimanjaro, cu mult timp după ce mi-am câștigat primul milion de dolari și înainte să împlinesc 50 de ani, înseamnă o lecție de viață durabilă pentru noi toți: poți realiza ceea ce pare imposibil, pas cu pas. Timpul petrecut cu familia mea va deveni mai prețios, în același mod în care amintirile mele despre familia mea din Moldova sunt de neprețuit. <u>Acum știu mai bine s</u>ă apreciez chiar **și** micile realiz**ă**ri **și** bucurii care pot părea triviale, deoarece acum am văzut răsăritul soarelui de pe vârful muntelui Kilimanjaro.

Calea cu lungimea de 27 de ani. Din locul acesta mai ramaneau 5 zile.

Iata cum se simte - sa fii in varful lumii

Varful Uhuru, 5895 metri, cu Vitalie Avram (stanga) si Vitalie Blatnoi (dreapta), prietenii care sau alaturat la aceasta aventura epica.

Nutriband Inc. mare cauza ca visul meu s-a indeplinit

Eu cu Vitalie Avram si steagul Moldovei, sa nu uitam
niciodata radacinile de unde venim.

Cel mai frumos rasarit de soare din lume

Referințe

„Kilimanjaro". National Geographic. Ultima actualizare 20 mai 2022. https://education.nationalgeographic.org/resource/kilimanjaro.

Biographia

Serghei Melnik este un antreprenor desăvârșit, lingvist și călător. Incepând cu viața modestă în Moldova , Serghei și-a folosit etica muncii și pasiunea pentru afaceri pentru a-și urma visele în SUA. Obstacolele și birocrația nu au făcut decât să alimenteze seriozitatea și determinarea lui Serghei de a-și duce munca până la succes. El construiește companii și le restructurează pentru o creștere profitabilă și durabilă.

De la succesul său timpuriu în obținerea victoriei pentru listarea primei companii moldovenești la Bursa de Valori Americană și când a sunat clopoțelul deschiderii pieței în 2003 până la ultima listare de succes a Nutriband, Inc. la NASDAQ, Serguei a ghidat inițierea tranzacționării mai multor companii către piețe over-the-counter din S.U.A. și a oferit consiliere generală cu privire la piețele financiare din S.U.A. pentru companiile situate în S.U.A. și în străinătate.

Serghei este în prezent Președintele și Președintele Consiliului de Administrație al Nutriband, Inc., o companie dedicată dezvoltării unui portofoliu de produse farmaceutice transdermice pentru a oferi alinare și îngrijire a pacienților cu dureri cronice. El a co-fondat compania împreună cu Gareth Sheridan în 2016 și a finalizat cu succes IPO cu listare simultană.

Pe lângă succesele sale în carieră, Serghei a făcut drumeții pe munți, inclusiv pe muntele Kilimanjaro în vara anului 2022. Cu toate acestea, cea mai mândră realizare a lui este familia pe care a creat-o împreună cu soția Jazmina și cei doi copii ai lor.

Conținutul

Antreprenoriatul este o bătălie înaltă – sau muntoasă – plină de noi provocări în fiecare zi. Provenit din primele zile ale democrației în Moldova, Serghei Melnik a prosperat întotdeauna în adversitate, studiind din greu și urmărind oportunități. În timp ce era la facultatea de drept, Serghei și-a promis că va merge pe muntele Kilimanjaro cu prietenul său, când vor câștiga 1 milion de dolari.

Acel munte a devenit un simbol pentru fiecare provocare cu care s-a confruntat Serghei, de la partenerii frauduloși ai companiei la sosirea umilă în SUA până la provocarea de a-și crește familia. Prin toate aceste încercări și succese, Serghei s-a ținut strâns de integritatea sa și și-a urmat intuiția pentru a obține succesul personal și profesional. Serghei demonstrează că o persoană nu poate doar să supraviețuiască, ci și să prospere dacă se ține strâns de valori și trece prin obstacole personale și profesionale pentru a se bucura de recompense la linia de sosire.

Puteți urmări versurile lui Vladimir Vysotsky în „Cântec despre un prieten". Urcarea la vârful afacerilor este la fel ca și urcarea pe vârful muntelui: adevăratele culori ale însoțitorului tău pot și vor apărea la sigur:

... Daca in munti s-a speriat -deodat'

Si urcand s-a acrit – subit

De pe gheata-a pasit pripit

Si cazand s-a 'nvrajbit

Atunci langa tine e un strain-hain

Cu el culmi n-ai sa atingi nici cand

De el n-ai ce sa mai zici

Dar daca a urcat neabatut – tacut

Murmurand chiar nervous-serios

Dar cand tu ai pasit gresit

N-a rams neclintit

Daca mergea-ti amandoi ca la razboi

Si in varf ati ajuns eroi

Asa om de-ai aflat aliat

Prieten ti-adevarat.